卖出的技术

[日]林辉太郎 著

汤志华 译

图书在版编目（CIP）数据

卖出的技术/（日）林辉太郎著；汤志华译．—北京：地震出版社，2019.5
ISBN 978-7-5028-4950-4

Ⅰ.①卖…　Ⅱ.①林…　②汤…　Ⅲ.①股票投资-基本知识　Ⅳ.①F830.91

中国版本图书馆 CIP 数据核字（2018）第 021045 号

林辉太郎　売りのテクニック
ISBN 978-4-496-02922-7

地震版　XM2613
著作权合同登记　图字：01-2012-1634

卖出的技术
［日］林辉太郎 著
汤志华　译
责任编辑：吴桂洪　王凡娥
责任校对：孔景宽

出版发行：地震出版社
北京市海淀区民族大学南路 9 号　邮编：100081
发行部：68423031　68467993　传真：88421706
门市部：68467991　传真：68467991
总编室：68462709　68423029　传真：68455221
证券图书事业部：68426052　68470332
http：//seismologicalpress.com
E-mail：zqbj68426052@163.com
经销：全国各地新华书店
印刷：廊坊市华北石油华星印务有限公司

版（印）次：2019 年 5 月第一版　2019 年 5 月第一次印刷
开本：787×1092　1/16
字数：135 千字
印张：7.75
书号：ISBN 978-7-5028-4950-4/F(5653)
定价：38.00 元

前　言

炒股能否成功取决于投资者的卖出操作。

这应该说是股票投资者的共识了，那么“卖出”这个课题主要涉及哪些方面呢？让我们一一探讨。

市面上关于炒股的所有书籍都几乎只针对“买入”进行说明，而鲜有能把“卖出”讲清楚的，而且，投资资讯则显得更加极端，十年如一日地发着“推荐买入！推荐买入！”的评估，就算业绩不如预期，也只会模棱两可地写两句“业绩必将下调，现在卖出会比较有利吧”之类的废话。

投资座谈会或者研究报告也大抵只介绍近期能涨的股票品种以及给出买入有利的推荐，而没有关于卖出有利的哪怕是只言片语。

就拿马拉松来说，如果买入是起点的话，那么卖出就是终点。然而，明明终点才能决定名次（投资收益），而那些丝毫没有提及终点的所谓的传授“炒股”技术的书籍，真的是为炒股而写的吗？并且，不管是做生意还是经营事业，都有着共通的两大要素：“商品”和“销售方式”。然而目前市面上的炒股书籍却都只探讨买入技巧，这难道不让人匪夷所思吗？

长久以来，证券从业者都把卖出作为行业禁忌。

从股票交易中抽取手续费是证券公司的主要收入来源。如果真是这样的话，券商经纪人就有可能倾向于在客户持有股票期间敦促客户提升换仓率，也就是说，和平时投资者自己操作相比，换仓更加频繁才会对券商有利。如此来说，“卖出”不应该被视为业界禁忌才对。但如果我经常把这个“正确的观点”挂在嘴边的话，恐怕券商们就不会再请我给他们讲课了。当然，人品好的券商还是会支持我的吧？但这却不是证券公司想听到的声音。

我们来举个例子。

1989 年 12 月和 1990 年 1 月期间，我通过日本短波放送公司的子公司——N 通信社渠道出版发售了我主讲的名为《卖出的技巧》的两种影像产品（正编和实践编）。

录影带的时长虽然还不到 1 小时且定价高达 15000 日元，但却空前畅销，半年就卖出了 2000 套，N 通信社也感到十分惊喜。但不久之后，我就自作主张终止了正编的授权，这样正编就成了绝版。

由此，实践编商品介绍也被从 N 通信社的宣传彩页上拿了下来。不久各大报纸广告（日本经济新闻、日本证券新闻）中刊登的 N 通信社发行的影像产品列表和邮寄产品广告册的影像产品列表中也已不再登载实践编的产品介绍了。

怎么会这样，那么畅销的影像产品的广告怎么停了？

是不是受到了哪里来的压力了啊！

虽然我无法明确“卖出”这个标题是否是被禁止，但是想象一下就不难理解了，仅凭直觉我想恐怕“卖出”这样的词语本身就是被禁止的。但是，就算没有广告，这套产品一年也能卖出 200 套。

因为我一直在这些著作中指责证券公司、商品公司的“宰客行为”。我想，非法经纪不是日本才有的，全世界都有（英文原文 bucket shop，又称投机商号、对赌公司，直译为“水桶公司”，定义 1：密集打电话推销，卖给你可能分文不值的垃圾股票。定义 2：经纪公司给你下单，保证给特定价格成交。实际上等到有价差他们赚到利润后才下单。把价差据为己有）。但是宰客经纪却是日本独有的。

1995 年，大和银行被勒令从美国市场退出，到目前为止被勒令停业的仅有两家，另一家是为毒品交易洗钱的希腊籍银行。

针对这件事（日本银行在日本本土之外被勒令退出），日本政府和财务省（相当于财政部）竟然没有做“侵犯主权”（虽然各国法律不同）的抗议，甚至连个屁都没放。

不是他们不想抗议，是不能抗议。我在《行情分析师》一书中写道：在北美“现货的卖出”是被认为理所当然的事情，但在日本却不是；在日本现货不能卖出是常识且在每个投资者脑海中根深蒂固；所以，我在加拿大的从业经历使我受到了前所未有的文化冲击。而现在，这个终生难忘的经历使我萌生了想再写一本关于日美炒股文化差异的小册子的想法。“上市公司信息披露”“季度财务报告”对于投资者来说是最为便利的投资决策参考资料。

当时，我给各家上市公司发送了调查问卷，让他们填写公司的经营现状、下一财年以及下下财年的预测（包括营业额、营业利润等）等，然后写了总结报告。而当我为一个美国投资者讲解的时候，他竟然瞬间目瞪口呆，很长时间没有回过神来。

在日本股民看来稀松平常的事情，在其他国家股民看来有可能就是不合乎情理的事情。前面所讲的大和银行的现货股票竟然没有人执行卖出操作的事情以及“公司信息披露”的问卷调查的方式，在其他国家股民看来，都是前所未闻的。

公司业绩的分析和预测报告，应该是秉持公平公正立场的第三方机构的行业分析师才能写的。而让这家企业的总经理秘书或者对外披露部门制作，并一字不改地发表出来，作为投资炒股参考资料的事情，在外国投资者眼中就是超乎常识的事情了。在除日本之外的全球市场中，公司业绩分析预测报告如果让上市公司自己制作的话，这些公司肯定不会写对自己公司不利的内容，而业绩预测中，也会理所当然地包含宣传的成分以及公司方面希望的数字。而在年度决算之前进行业绩预期下行修正的公司更是少之又少，即便有公司业绩可能不如预期而进行下行修正，也会向市场提交一些不那么难看的数字，即便如此，这样的公司也会被认为是怪物。

之前，在编辑各季度报告的时候，东洋经济新闻社的编辑部在收到业绩非常差的财务报告之后，会主动和公司交涉，问一下公司方面是不是要改一下数据或者换一下内容什么的，但这样做造成了相当的混乱。

现在的话，不管是披露“公司财报”还是填写问卷，都不会有任何不同或者粉饰。

日本交易制度走上了歧路，因此和世界其他国家相比较落后。

开个玩笑，这就好比现代社会和生活在亚马逊深山老林的原始部落一样。

在日本，大型证券公司和大型企业串通一气，把一般投资者当成“韭菜”，这就是现实。

其实，投资者知道他们在背地里是沆瀣一气的，但是提升炒股的技术并不能使他们在这种暗箱操作的环境中立于不败之地。

结论如开头所述，只有学习并熟练掌握“卖出技术”，才是立于不败之地的正道。

因此，在这本书中，我重点论述“卖出技术”的课题。另外，我虽然在已经出版的著作中多有涉及“卖出”，但都是断断续续的片段，为了能够对这些片段进行归纳整理，我在这本书中也会大量援引之前出版的书籍中的相应内容，因此会有不少重复之处，敬请谅解。

【注 1】和板垣浩男先生合作写完了《股票交易实践与提高》之后，在公司的股东大会上，我说接下来会再写一些“投资者身边的摸得着看得见”的事情，紧接着就收到了公司股东和投资者的无数信件和电话，请我写一本关于“卖出”的书。因此，我就写了这本书。

【注 2】在 FAI 俱乐部（作者所在的投资俱乐部）的教科书中写道，在我担任商品交易会社社长期间，一个从公司跳槽到证券公司的男性员工，他在 1988 年年末东北六县分店进行年末股票账簿统计方法指导的时候顺便调查了这家分店的账簿，发现没有一位客户账面是盈利的。1988 年日本股市明明处于股价因泡沫不断放大而暴涨的时期，但却没有一位客户的账面是盈利的，我感到很困惑，还问他这不会是真的吧?！这也许就是日本证券公司营业部的宿命吧！

后来，有个俱乐部的会员告诉我，一个叫野野村哲成绩斐然的前野村证券股票经纪人写了一本《大型证券公司黑幕》（风雅书房）的书，他在书中写道“我加入野村证券数十年期间，真没见过哪家店的顾客最终是盈利的”。

【注 3】本书在编辑上分为五章，整体上主要论述卖出操作的重要性。但在第三章卖出的实际操作方法中也会分散介绍卖出和反向操作（套期保值）的方法，敬请留意。

目 录

第一章

卖出的形态

一、应该是哪里出错了？

我们经常会从投资经历比较丰富的人那里听到下面的话。

“虽然还不是很娴熟，经过长时间的努力我终于掌握了买入的技巧，但是卖出却无论如何也做不好，所以，请教教我怎样才能提升卖出的技能吧！都去了无数次书店了，但是完全没有关于‘卖出技术’的书啊！”的确，虽然没有教授“卖出”技术的书籍，但是不应该不知道学习的方法吧？

另外，买的次数和卖的次数差不多是一样的，任何股民都不可能只买不卖吧？所以不能把原因归咎于经验不足吧？

但问题是，我们对“卖出”是有误解的。我们把“卖出”股票看成了一种特别的事情。而且，如果我们简单地去理解这句话的话，不难发现，这句话的意思是指由于高点时股价变动剧烈导致了投资者很难做出“卖出”的决断。

虽然泡沫时代股市处于顶部时股价波动确实剧烈，但是像现在这样横盘行情的高点（顶部）的股价波动却并非那么剧烈。

在横盘行情下，虽然也有猛跌猛涨的情况，但大多是M形的上下波动或者平缓的弧形波动，也就是说，在任何时候都不难形成阶段性的顶部，实在说不上“波动太剧烈，不好卖出”吧？

并且，有些投资者希望在到达顶部涨跌转换瞬间卖出，这不仅是“贪心不足蛇吞象”，而且有很大一部分“炫耀”的成分在里面。

因此，这样的投资者会觉得“卖出”是一件极其困难的事情。但是，这其中很多观点都出自让人忍俊不禁的错误的思考方式。例如，前面所讲的我和投资者的谈话。他们会问我：“根据具体事例说明的话，会比较容易懂。您能举几个失败的例子来吗？”或说：“我现在持有5只股票，不怕您笑话，我真的是在自认为很低的价位买入的。现在股价涨上去了之后再回过头来看的话，真的不可能再在那么低价位买入了。买入的时间点是在去年8月到11月的低点。”

我回答说：“然后上涨了是吧？而且到去年夏天为止跌到最低点之后，到今年新年一直在上涨吧？那么你应该获得了足够的收益了吧？”

他说：“不过，最近两次操作却错过了在高价卖出。”我就安慰他说：“虽然在高价时错过了，股价之后也没下跌多少，现在卖的话也能确保收益吧？”他哭丧着脸说：“好可惜啊！收益是没有了。虽然亏了但是也说不上大亏，现在这5只股票都出现了账面亏损。因此，我真的很想向您学习怎样卖出。”

“首先，就像你刚才说的那样，你已经通过自己的努力掌握了买入的技能，那么，有了这个技能也不行吗？说句不好听的话，要是买入没把握好的话，卖出就更把握不好了，这说明你已经到了无可救药的程度了。我这是跟你实话实说的。”

他无奈地说：“但是前面一段时期确实出现了很大的账面盈利。”

我于是问他：“你能告诉我，在有了很大账面盈利的时候你却没有卖出的原因是什么？”

他回答说：“我当然想过了这个问题，应该是欲望吧？那时我想股价会继续上涨吧？而且，我还想是不是我漏掉了顶部的时候应该会出现的一些征兆而错失了卖出的良机呢？但是，如果在顶部确实有显而易见的征兆的话，所有的股民都会看得出来而同时卖出，那么最后谁都能挣到钱，这是不合逻辑的。所以，顶部的时候应该没有什么明确的信号或者明显的征兆才对。即使观察大盘指数、大盘指数与均线的背离率以及成交量，我之前也不用这些因素来决定如何操作。”

我接着说：“那么对于价格变动你是怎么看的？例如，假设我们把买入时的股价变动看作折线图，与此相对的，上涨时折线往下走，而下跌时往上走。那么，虽然顶部和底部并不像你刚才所说的那样呈现出固定的形态，但是由于可以确定的是顶部就是底部的对立面，所以，如果你现在无法盈利的话，你把行情反着观察进行操作不就盈利了吗？你会意外发现很多之前没有观察到的东西。虽然这样做看起来很愚蠢，但是却受益无穷啊！就目前(1996年2月)来看，虽说股价仍然延续1992年8月股价维持政策(股价PKO)出台以来的不自然的走势，但是即便如此，如果按照3个月、6个月，或者9个月的平均股价来看的话，仍然会看到股价的大幅波动。这种时候的顶部，虽说并非呈现出猛涨猛跌的剧烈波动，但是会有小规模的、横盘状态下的，或者弧形顶部时才有的那种缓和的波动。”

然后他说：“那么，能否获得收益取决于操作习惯了，是吧？”

我说：“是的。为了能够尽快习惯这种操作方式，你可以同时反向看图和成交盘的动态。试着这么做一下看看效果如何，怎么样？”

他回答说：“那么我试试看吧！到时候我会再来拜访您的，还请您多多指教。”

虽然在谈话中，我建议这个股民倒过来看走势图进行操作，但这并不是能让其操作更加熟练的方法(这里的方法是指能够判断行情转为下跌的方法)。

股票既然是“为了卖出而买入”的，但是却不能顺利卖出，到底是为什么呢？我们不得不从这个问题开始探讨本书所述的课题，而且从这里入手是相当棘手的。不管怎么说，我们开始进入正题。

卖出并非只是抽象的理论，归根结底，我们所探讨的具体的实践论比较复杂，仅仅是稍微想一下就会感觉特别艰涩难懂。

就像前面所述的和股民的对话那样，容易变成讽刺和挖苦。我在《行情分析师》一书中也有相应的叙述：有个投资者，其所持有的股票价格下跌了20%，问他为何不止损，他就找理由说：“失去了止损的机会，可能是我运气不好吧，都跌去20%了，再止损还有什么意义呢？如果不是运气不好的话，那就可能是因为我的意志力不够坚强或者执行力不足吧？虽然林老师您曾经说过这是所谓的‘危机管理中的侥幸心理’，但我却不这样认为……”如此的话，争论将变得一发而不可收拾，持续几个小时也不会得出最终结论。然而，我想，只要股票交易还是经济行为和商业行为，就不应该会是一个绝对无法说明的事情吧？

二、为股价下跌损失加保险

卖空大师雅各布·利特尔发现了对炒股具有保险功能的“卖空”手法并在华尔街公开这一发现是1805年的事情。现在的对冲基金和金融衍生品交易的手法都是最近才有的，没有充分理解其理论和手法而进行操作的人一般都会蒙受巨额的亏损，只是冒风险了却没有获得相应收益的人比比皆是。其实，对冲基金和金融衍生品的本质作用是在增加预期收益的同时尽量规避投资风险。

此外，套期保值交易(又称利差交易)对强势一方和弱势一方来讲是完全中立的，然而却会因为一时的股价下跌而被认定为“恶意做空”而恶名远扬。美国的401k基金(从工资中拿出一部分钱转入退休年金公积账户而形成的基金)从1995年夏季的低点以日本的低利率从银行贷款进行裁定交易(套期交易)，而大藏省不得不进行股价PKO(利用国家资金托市)以维持股价的上涨，使401k基金的裁定操作蒙上了“恶意做空”的阴影。

《堂岛日记》第10卷是从元和元年(1615年)到明治三年(1870年)的记录，根据这本书的记载，淀屋与右卫门和他的孙子淀屋辰五郎将粮食交易做到很大，辰五郎在承应二年(1653年)破产(没收财产，家系断绝)，但是据说从那时开始，日本就已经开始进行“卖空”“买空”操作，而且政府许可的交易所在元禄十年(1697年)就已经开始营业，并且相应的买空卖空的制度在元禄十三年(1700年)就已经制定并实施。也就是说，日本的融资融券交易要比美国早100年以上。

虽然“做空”对于金融机构来说是投机交易的一种，但是从内容上来看，由于当时日本的农业生产中存在丰收和歉收而导致米价波动十分剧烈的现象，“做空”是为了防止这种损失而设定的保险(和现在的期货交易类似)。而且，据说当时也已经出现了和现在的对冲基金类似的交易。雅各布·利特尔发表这种卖空操作手法时，被认为是欺诈行为，但是不到一年的时间，这种操作的合理性就得到了认可并被制度化。

卖空操作已经被证实在股票价格下跌过程中防止损失方面是一种十分有效的方法。

美国在那时已经进入了西部开拓时代，铁路不断向西延伸，大篷马车牵引着列车不断向西掠夺印第安人的土地。此后，汽车产业开始迅猛发展，汽车公司在销售汽车的同时，不断购买在业务上形成竞争关系的铁路公司的股票，并成为第一大股东，从而将铁路公司清算解散。这就是拥有广袤国土的美国却没有发达的铁路网的原因。据说，新的铁路公司的股票被疯狂交易，导致股价急上急下剧烈震荡，大量股民蒙受损失，为了防止其价格过快下跌造成的损失，或者为了能在股价急跌中获得收益，卖空这种交易手段就“横空出世”了。

【注 1】前面对美国铁路的描述虽然让人感觉有点夸张，但那确实是事实。而且，铁路公司和汽车公司的股东是一家。

【注 2】另外，美国建国(首先是在东部 13 个州)是在 1776 年。南北战争是 1861—1865 年。

【注 3】华尔街著名行情大师都会被赋予“拿破仑”的称号，而拿破仑一世就是雅各布·利特尔。

上述所有事例中的卖空操作都是为了防止股价下跌而造成损失的一种保险性质的操作(套期保值)，是一种消极的目的卖出，交易所被设立的三大目的其中之一就是套期保值。所谓设立交易所的三大目的是指：①让股票流通变得顺畅；②公正的价格形成机制；③提供套期保值机制。融资融券中的卖空操作，就是目的③的制度化的表现。当然，我们学习“卖出”的目的并非只是为了套期保值的反向卖空操作，

还有现货的“卖出”清仓，套期保值的“卖出”(包含降低持仓成本)，以及在股价下跌行情中赚钱的融资融券“卖空”等，这些操作我们会在接下来的章节中叙述。

我们在这里貌似要先跑题一下，来看看以前的交易制度是怎样的。这是为了让读者能够了解到资金管理是多么得重要。现在的日本

融资融券制度是从昭和二十六年(1951年)开始的。但是认为“30%的保证金太高了，开玩笑吧”。投资者不在少数，所以，进行融资融券交易的人非常少。那么，那个时候的做法是怎样的呢？让我们来看一下。比如，我们买入1手90日元的股票(注：那时的1手是10股，而非现在的100股)。不含手续费的总金额为900日元。为此，我们要事先存入保证金(押金)。那么这个保证金是多少呢？大概是100日元(约10%)，根据不同的信用等级30日元也可以，当然，如果是信用非常好的人物的话，不交保证金(零押金)也是可以的。但是，当股价暴跌，保证金约9成损失(按股价计算的账面亏损)的情况下，就会对客户进行清仓处理。

如果保证金是50日元时，当股价下跌顾客账面亏损45日元时，或者100日元保证金，账面亏损90日元时，证券公司就会在不征得客户事先同意的情况下，强行平仓。当然，由于股价是一直在变动的，所以强行平仓之后的保证金余额仍然有1成左右。于是客户就有很多怨言，也就是说，还没有损失殆尽就被肆意强行平仓了，如果没被强行平仓的话，第二天由于股价又暴涨回来了，反而能够赚到不少。而当股价继续下跌，超过保证金的9成时，这些抱怨的客户又变得哑口无言了。证券公司这种东西，如果出现赤字(超过保证金的账面亏损)的话，不愿意替客户承担，因此在保证金跌去9成或者更多的时候，就会强行平仓。而且，强行平仓的订单有时也会在还没有到达10%亏损的时候被吃掉，那就欲哭无泪了。所以，保证金(账户存款)最好要保持在富余状态。

另外，买入后股价和设想的一样上涨了的情况又如何呢？存入100日元保证金，在90日元的价格上买入了1手(10股)。这只股票的价格上涨了10日元到100日元，那么收益(账面盈利)就是100日元。这时，这个账面盈利就会被看作是保证金。也就是说，现在的保证金从原先的100日元变到了200日元。所以，之后再增持1手(10股)或者2手(20股)也是可以的。

但是，真正的保证金只有100日元，如果购买30股的话，股价下跌仅3日元就会到达警戒线而被爆仓(那时股价变动的刻度基准不是1日元，而是以0.1日元为单位)。如果股价暴涨并一直持续，顾客不断增持股票，那么100日元的本金就会翻到1000日元，甚至10000日元也不是梦(例如，持有50股，股价上涨至200日元)，但是，如果持有50股的话，股价下跌约1.8日元，就会被强制平仓。也就是说，即便赶上了股市大涨，由于股价越往上涨变动越剧烈，因此，如果看到股价上涨而增持股票的话，不相应增加保证金的话，那么很小幅度的股价下跌也会导致损失掉先前存入的保证金和已经获得的账面盈利。

商品市场的保证金很低，如前所述，900日元购买股票的话，只需交100日元的保证金(约10%)就可以了，所以危险性相当高，像我在另外一篇文章"红小豆行情的基本"中所写的这方面的成功者立川先生那样，如果按照规定的保证金计算的话，正是由于只用交10%的保证金(实际投入资金)就可以进行投资了，在把握安全概率的前提下，积累了7亿日元的资产。

不论是在股票市场还是商品市场，如果准备充足的资金的话，损失的概率非常高。虽说如此，但是进行频繁交易的人很多，当然这些股民从入市到破产差不多都是按照直线前进的。

我仍然觉得向那些在20世纪80年代末90年代初泡沫大行情中获得成功的人们提示资金管理和危机管理是非常重要的。即便赶上了这种大上涨行情，如果不一直谨慎地思考资金建仓的比例的话，也无法最终获得收益。像这样神经兮兮地进行资金和仓位的权衡的话心理负担会很大，重要的是让"增加收益的工作"稳健，因此，为了不在保证金的算计上分心，就必须准备充足的资金。更别说融资卖空时在高点位(股价变动剧烈)接盘的情况了。

三、因为是一门生意

因为是一门生意我已经在"前言"部分中就"卖出的重要性"做了初步的论述，接下来我们在理解的基础上对现实操作中完全没有在意的"卖出"的思考方式的基础做进一步的论述。其中，证券公司的宰客的劝诱也会分析到。思考方式的基础有两个：一是"获利方法"，二是"变动的周期"。

我们首先来分析“获利方法”。我们假设有几个人在玩扑克游戏，此时，来了一个新玩家，“你也加入游戏吧”。

“好。但我不知道具体怎么玩啊？到底‘怎样才算赢’呢？”新玩家希望有人能够指导他一下。

然后，“这样就算取胜”，他知道了怎样才算赢之后，就努力做到能赢的那样。

这是理所当然的事情。大部分一般股民都是以现货股票投资为准的。而现货投资的“取胜方法”就是“以比买入价格更高的价格卖出”。

所以，就像前述的加入扑克游戏一样，加入金钱游戏之前，首先必须学习如何“高价卖出”。这和做生意是一个道理。

现在我们来考虑鱼店和蔬菜店的生意。早晨，鱼店采购人员会去码头，而蔬菜店采购人员会去水果蔬菜市场采购。他们只要将采购来的货品按照比采购价格更高的价格卖出就可以获得收益。顺势而为……虽然有点夸张，但是要想获得收益，我们所要做的就只能是“顺势而为”。

这并非我自己的操作喜好，而是其他人（顾客）的喜好，也是大部分投资者共同的喜好，也就是凯恩斯所指出的美女投票原理。

一说到“顺势而为”，许多投资者都会说：“哦，我知道，我就是这样做的。”但是却不知道这也是“其他投资者的喜好”。

首先，我们应该把“能够卖出的股票（当然是高价卖出，能够赚钱的股票）就是好股票”这个观念深深地烙在大脑里。

【注 1】顺势而为是指“流行”“有人气”的意思，也就是说股票可以被分为有人气的股票，也就是指有交易量，且是受到很多投资者追捧的股票和不怎么有人气的股票，以及完全没有人气的股票。这种辨别方法我们之后会探讨。

【注 2】所谓喜好是指受到市场整体追捧的股票，而不是固定交易一只相同的股票。

【注 3】我们稍后会论述关于随着经济复苏（有滞后效果）变动的股票市场整体变动的情况。其实股市的走势和经济的景气程度没有直接相关性。“经济低迷下的股票价格的高涨”等情况也时有发生。并且，价位较低且市盈率翻倍的股票数量在经济低迷的时候反而更多。

【注 4】“能卖高价”的股票是一个问题，而“如何才能看出”哪只股票“有上涨迹象”是另外一个问题。

一般来讲，大家都把“上涨的股票”和“有上涨迹象的股票”混淆在一起了，其实二者是完全不同的。虽然看起来像明摆着的事儿，“有上涨迹象的股票”是指大多数人评价这只股票“不会上涨”，也就是说那些没有人气、没有投资者看好的股票。

接下来，与前面所说的景气变动有一定关系，提到市场行情的变动，就比方说，平均股价表现的是大盘的涨跌，这和个股的涨跌有一定关系，但是在某种意义上又没有什么关系。

一般来讲，“在意大盘走势的人当中没有人是赚钱的”，说的就是这个事儿。伊邪那岐景气、奥林匹克景气，以及像 1989 年的泡沫行情那样的市场整体受到追捧时一样，投资者不需要绞尽脑汁选择投资哪只股票，并且，如果圈定行业以及类别(例如 FAI 投资方法中规定只选低价位股票)的话，选股就更加容易了，所以，在这个时期，FAI 俱乐部的股票投资者中不论入门投资者还是资深投资者，获得成功的人比比皆是。

极端地讲，那个时期买什么都是赚钱的。如果投资者想进行这种“躺着也能赚钱”式的炒股的话(一般股民都是这样想的)，我在《股票成功实践论》这本书中写道，银座一家老店的主人讲到一个现象，“景气循环一般是 10 年一个循环，但是股票投资的话，牛市涨 3 年，熊市跌 7 年”。

其意思是说，每只个股一齐上涨的 3 年期间是“躺着也能挣钱”的时期，而后面的 7 年处于下跌行情中，因此是绝对不能进行买入操作的时期，而股票投资的话，要在下跌的这 7 年当中进行。

所以说，如果 30 岁开始炒股炒到 60 岁的话，那么持续时间是 30 年，买入再卖出 3 年，熊市不操作 7 年，按照这个循环，在这 30 年当中，持股的时间合计总共不过 9 年。

股票长期持有，从我们之后要讲到的“股份公司的寿命”(公司从设立到解散、倒闭、合并、资本金减损)来看，是非常不利的。

一般来讲，美国公司通过公司的分割和 M&A 等手段实现公司的永续生存。而日本公司则有所不同，日本公司一般不实施“零存整取法”(Dollar cost averaging：每隔一定时期就买入并保有一定量的金融资产来实现资产保值)来实现资产的增值保值。

四、不要被胜利冲昏头脑

那么，行情低迷的7年应该如何获得收益呢？除了“卖出”以外，我想不出其他方法。由于行情步入熊市，各只股票交互下跌，除了极个别的被恶意炒作的股票以及题材性的小盘股之外，只要卖空就能够确保获得收益。

在FAI俱乐部，除了“对资本金在300亿日元以上的股票一边观察波浪一边卖空”之外，没有什么其他规定了。

从很久之前开始，东证二部的股票，场外交易的股票(之前被称为青空股)，恶意炒作的投机股、题材股，IPO股，融资融券买入的投资者的资产在熊市里基本都会被蚕食殆尽。现在也是如此。

有些投资者被恶意操作的急剧上涨的低价股所蒙蔽而卖空，最终导致血本无归，从而非常惧怕卖空操作，不想重蹈覆辙。并且，那种卖空操作被强制平仓的股价变动幅度非常小，由于不是计划当中的被强制平仓，而是被爆仓的，所以造成了心理负担变淡，这是炒股游戏中最不好的状态，就像亏损是必然的结局一样变成了投资者的梦魇。有些时候是在证券公司的怂恿下进行卖空操作的。

我们来举个N证券公司的例子。虽然我只是听说，但是真事儿的可能性很大。1995年，神户大震灾之后，虽然因为灾后重建使得建筑量有所上升，但是泡沫时代久违的炒股花(证券公司营业部在早上集中买入几只股票，稍微上涨之后，进入下午的操盘时间之后将上午购买的股票分给顾客的行为)这种操作方式又被重新搬上台面，但是由于做得有点过火，所以，N证券公司损失惨重，不得不在六七月展开特别营业。所谓的特别营业，是指N证券公司旗下的100多家分店在6月推荐顾客买入不动建设与住友建设两家公司的股票，并在7月推荐顾客卖出手中的股票或者卖空这两只股票，并根据卖空挂单的多少进行特别的奖励。

真赶巧，这两只股票由于震灾原因，人气上升，先前融资融券买入的顾客不断抛单，市场上的其他投资者还没反应过来，从而使得这次营业获得了巨大的成功。而在这个时期，同业之间的竞争也越来越激烈，我听说了很多不好的传言，说有些证券公司的营业部出现了虚报经费、吞单(交易所内部交易，不挂到交易系统中)的极端行为，这就导致在这些营业部交易的一般投资者基本都没有获得收益。

当时的报纸甚至用“尸骨累累”来形容。虽然这是一个极端的例子，然而，即便这是一个极端特殊的例子，如果在事态发展过程中有计划地进行卖空操作的话，应该最终也能获得收益。更何况，显而易见的是，现在这样按面额发行的股票市场是一个对卖空操作有利的市场。

【注1】日本的股票是印有发行金额的，也就是我们所说的“面额股”。尽管如此，也有不同意见：①认为日本采用类似美国道·琼斯指数那样的无面额股票模式是错误的。②认为按照票面价格发行新股的行为比较可疑。极端点讲，类似于欺诈。因此，2001年12月《商法》修订之后，取消了股票面额。

【注2】在强势上涨的绝对有利的行情下，由于上市企业对资本金进行修改而不断增资(企业盈利后不分红就会增加股票面额)集中发生在战后20年中。

例如，某地方K证券公司之前总是卖空自家的股票，最终破产。三越百货公司的面额仅为3日元。这就是所谓的票面增资对买入有利，而按照票面价格发行新股对买入不利。

一般投资者针对卖空有一种天然的抵触情绪，但是却很少有炒股的书籍指明这一点。我们接下来从心理面、制度面、价格波3个方面来进行说明的话，读者就会懂了。

从心理层面来看，买入下单的话，证券公司是可以吞单的，但是卖出下单是不能被吞单的(不挂单到交易系统成交，而是证券公司内部成交)，因此证券公司很有可能有意识地告诉顾客“卖空操作非常危险，最好不要操作”。

而且，据说这样的证券公司在泡沫时期将卖空的交易算作负的营业额(例如一个月内交易 10 万股的话，其中 2 万股为卖空操作的话，那么营业部的交易业绩为 10−2−2=6 万股)。

投资者就是受到这样的环境、前面所说的心理面，以及之后将要说明的对“卖出不存在的股票”这一特别的交易方式的错误的思维定式的影响而误解了卖出操作的本质含义。我们在说明之前正好有一个实际案例，这个案例是 1991 年 3 月号的《会报》上登载的“行情断片”，我们再来回顾一下。

作为投资专家的 B 先生顺道来公司玩两把的时候，也来了另外一位投资者。

“老师。这几月一直在画走势图，都画腻了。所以，我打算从过完年开始停止画图。早点进入选股阶段，您看怎么样？”

这个投资者曾经在高位接盘，去年 3 月进到我们事务所，我建议他斩仓出清，但他只斩了一半，在接下来的 8 个月里，他所持有的股票继续下跌，他只好全部卖出，结果之前赚的收益全部损失掉了，而且最终从总体损益上来看，他仍然是亏损的，还好，亏损并不是很大，当时他嚷嚷着想尽早买入，但都被我劝阻了。

他来了之后，跟我说：“老师，我最近买入了旭硝子的股票，但是赔了。现在想操作化洋精工这只股票，老师，您看怎样呢？”

B 先生想给他点建议，但是欲言又止，始终没有说出口。等这个投资者走了之后，B 先生终于开口了。

“老师。不得了了啊！我真是同情他啊！老师您每天就教这些白痴怎么看行情的吧？”

“虽然他们都称得上是白痴，但是他们也在慢慢理解，并通过个人的努力不断精进哦！虽然都是些行情白痴，但要比那些贪婪又不学习的白痴好多了。”

“那个人就是白痴啊！”

但是呢，有点不同。真正的行情白痴，是指那些没有付出诚意的人。我们公司附近的报纸配送所的社长也曾经学习过看行情，他在附近的以大众为客户的证券公司炒股票和商品。他来我们事务所的时候，是要把炒股作为将来的事业来做的，我当时让他好好观察成交盘，而且建议他没必要非得在以大众为中心的营业部做，在附近找家小营业部做也行。我建议他不要经手过多的股票和商品的品种，要把交易限定在几只熟悉的股票上，反复操作。如果同时操作很多只股票的话，就连休息的时间都没有了。如果不休息反思的话，就不能提升技能，但是他当时根本听不进去。自那之后，他来买书的时候，跟我说他在另外一家大众营业部进行网络交易，我当时就以相当严厉的不容商量的口吻对他说，那是绝对不行的，请立刻停止网络交易，并且必须立刻停止在大众店进行交易，但是他仍然听不进去。去年夏天我听说他蒙受了巨大的亏损。

大众营业部在保护顾客隐私方面非常松弛，经常泄露客户的秘密。所以，我当时让他去当地的小营业部去操作。因为大众店非常善于辞令，总是在捧客户，让他们飘飘然而欲罢不能。本来他是一个平时总是面带微笑的人，但那天他来公司付分析报告钱时，脸色相当难看，和平时简直是判若两人。我下意识地就追问起他来。

“为什么没听我的？果然亏了很多吧？给家人也添麻烦了，不是吗？”

“并没有给家人添什么麻烦哦！”

“你损失了好几亿日元吧？因为你没有听从我的建议。我是为了你好才跟你说那些的，你真是个白痴啊！”

”你怎么能说我是白痴呢？我可是您的客人啊！”

“你虽然是我的客户，但是你没有尝试而且不愿意以诚相待，所以说你是白痴啊！我可是把你当作伙伴来看待的。难道这你都没弄清楚吗？”

我所说的真正的“白痴”就是指这样的投资者。这里所说的这两位投资者虽然看起来像白痴，但是实际上他们并非白痴。他们只是有赚钱的欲望却没有好好学习而已。如果把这些人都称为“白痴”的话，10 年前的 B 先生和在通过自身的努力让人刮目相看之前的 B 先生才是真正的白痴呢。而对于 B 先生所说的这个白痴投资者，我想说的是，只要他从现在开始努力学习，让自己的技能得到提升，最终也是能成为行情专家的。

五、不知道可以卖空

一般投资者对“卖空”(融资融券)表现出抵触情绪的原因，是因为他们一般都在现实中操作过，并且大多经历过惨痛的失败。当然，这个亏损数额和这些投资者漫长的炒股生涯中损失的总金额相比微乎其微，但是卖空的股票上涨导致其爆仓的经历成了他们的梦魇，而这种经历对他们来讲是刻骨铭心的。

另外就是，这些投资者会听信证券公司营业员的甜言蜜语，以及这些投资者看到被恶意炒作的股票的价格已经上涨了很多，认为股价将要开始下跌，而迫不及待地挂出卖空单。

更有甚者，通过融资融券交易借入股票卖出，本以为可以获得收益，但是最终决算的时候却发现自己不明原因地出现了亏损。这种惨痛的经历应该不会有人想经历第二次吧？

那么这是为什么呢？在日本，融资融券制度并不完善。买入下单的话，营业部内部可以直接吞单交易(不论合法还是非法)，但是卖出交易不能吞单，只能挂到交易系统进行交易。因此，以散户为主的营业部不建议客户进行卖空交易。这是日本股市相对落后的一个方面。但追究其本质原因却是因为在日本投资者的头脑当中原本就没有“卖出”的概念。

关于日本投资者头脑中没有“卖出”概念这个事情，我在《行情分析师》一书中已经详细地阐述了。认为这个世界中“没有”，跟有或者没有无关，指的是当事人没有想过会有的那种所谓的“没有”(知道有却当作没有就另当别论了，但事情并没有这么简单，东京大学有位名叫养老孟司的教授曾经讲过：“艺术对没有理解它的人来讲是不存在的，最困难的事情是让那些认为没有的人转变态度，意识到其实是有的。”我们所说的“没有”就是指此处的“认为没有”)。从这个意义上来讲，也就是说投资者的头脑中全然“没有”实际上存在于这个世界上的“卖空”的想法。

【注】"没有"也有"想象不到"的意思。

曾经有个名为佐高信的教授起诉了不告知姓名的大藏省(财政部)官僚。类似于黑色幽默的样子，有一个叫伊藤特里的人就写了一本叫《笑死人不偿命的大藏省绝密情报》的书，在这本书中他对佐高教授的著作《财政部分割论》恶语相向，极尽泼皮刁难之能事。佐高教授希望他能对此谢罪道歉，因此就起诉了他。

《朝日新闻》在1996年9月19日的夕刊中有一个专栏刊载了佐高教授的下列观点。

大藏省官僚发表了一些人身攻击的恶毒言论，诸如"如果暴露的话就是白痴"、"大藏省的检察厅也算法务省的一个部分"，等等，我们如果对这样的观点介意的话，不如明天就立刻放弃法务省的预算吧？如果没有钱的话虽然贵为法务省也一天都撑不下去吧？善良的人们是无法想象到恶毒的人到底有多恶毒(引用到此为止)。我们把这句话原封不动地搬过来就是，善良的投资者是无法想象那些品德低下的证券公司是多么邪恶的。

我们再来换个说法。也许你认为这是一个赤裸裸的金钱社会，但是那些品质恶劣的证券公司的宰客营业的邪恶性是顾客难以想象的，而且这个情况投资者的头脑中也是"没有"的。其悲惨的结局还是不说了吧！

六、卖空的心路历程

这里有必要引用一下《FAI俱乐部股票投资法》"第五章卖空"的相关部分。卖空在心理上和技术上被认为是非常难的。但是，却很少有炒股的书籍指出这一点。我们主要总结一下之前专业人士的观点。

1. 心路历程

(1)受到了特殊交易这一先入为主的思维定式的妨碍，这个前面已经说明了。期货交易确实比较特殊，但是融资融券交易目前是主流交易方式的一种，绝非特殊的交易。只是卖空的思考方式是"卖出手头没有的股票”“卖出之后再买入”这一特殊属性，投资者在进行这种交易之前通常会怀有恐惧心理。我想没有那个必要吧？

(2)知道股价将要下跌时会有一种压迫感，这种压迫感在做的过程中会切实感受到。买入的情况下，股价上涨的空间是无限大的。例如，1000 日元/股买入一只股票，股价上涨 5 倍、10 倍都有可能还不是顶部，至少上涨的空间是非常大的。然而，1000 日元/股卖空的时候，情况就完全不同。极端一点讲，即使股价跌到 0(也就是说股票沦为废纸)，也只有 1000 日元的下跌空间。当然，股价下跌到 0 就太极端了。我们假设这只股票下跌一半到 500 日元，或者更狠一点，下跌到 400 日元的话，那么也只有 600 日元的下跌空间。投资者因此会认为，由于变动的幅度有限，所以无法充分获得收益。投资者的大脑就是被这种即使再怎么努力也是有极限的先入为主的思维定式给劫持了。在这种情况下卖空的话，我们不考虑整个下跌幅度都吃到，也不考虑完全没有吃到的情况，我们就假设只吃到了整个下跌幅度的一半的 300 日元。如果这是在上涨行情的话，1000 日元买入后上涨 300 日元的话，上涨了 1/3，可以说是一个相当大的幅度了，可以说获得了巨大的成功了。而在下跌过程中，投资者却会感到有些不满。

在现实的股价变动中，如果行情急速上涨的话，我们就卖出，如果冲高回落的话我们就会买入，并不断重复这一操作。其实卖空也是一样的，在下跌行情当中，如果暴跌的话，我么就买入(买入平仓)，而当冲高回升的话，我们就卖空，当判断下跌幅度为 600 日元，而实际下跌则会超过 600 日元，比如反反复复之后，实际的下跌区间实际为 1200 日元，我们称为“总体下跌幅度”，在这种情况下，可操作空间其实更大了，但是投资者无论如何都对这种下跌抱有一种压迫感。另外，从操作效率来看，卖空的效率确实不好。如果计算收益和收益率情况的话，就可以看出这一点。如果股价从 400 日元上涨到 1000 日元的话，利润是 600 日元，那么对于 400 日元来讲，600 日元收益的收益率是 150%。而如果股价从 1000 日元下降到 400 日元的话，收益同样是 600 日元，但是收益率却只有 60%。

但是，实际上交易起来并非是这个样子。这并不是因为融资融券交易的保证金率低，而是根据自有资金的情况，不管是卖空操作还是买入操作，总资金的收益率最终是一样的。重要的是，能吃到多少幅度的上涨或者下跌。

卖空操作总归会有压迫感，在看走势图的时候"急速拉升之后必然会急速下跌。能够吃到的涨幅比较大"。这种情况下投资者会情绪高涨。然而一旦进行卖空操作的话，股价的变动如果不按照投资者自己的预想变动的话，比如有一个比较大的回调幅度的话，投资者就会陷入恐慌。因此，卖空是一种比较投机的、感情容易受到影响的操作，如果投资者在进行卖空操作的时候感情用事、意气用事，比如做出一些"追击性卖空"的加仓操作的话，就会渐渐地把自己陷入亏损的泥沼中。

(3)一般来讲，人们比较习惯买入，而不习惯卖出，这是习惯性的，从感觉上来讲是无法改变的。例如，我们普通人在日常生活中是买东西的立场，不论是东西也好股票也好，我们倾向于价格上涨才能获得收益的想法。在这一点上，虽说零售业的人通常站在卖东西的立场，因此或多或少地能习惯卖出，但是前面的想法并未从根本上改变。像证券公司的员工，或者在交易部门就职的人，即使长年从事证券交易工作，他们的思想也不一定能转变过来。另一个情况就是，从目前的状况看很难做出相反的判断。例如到目前为止都是上涨行情。从这个状况是很难推断出接下来"整个行情会一下子转为下跌行情的"；"走向人气的反面行情基于预期变动"；"行情从顶部下跌到底部"；等等形态。从道理上大家都理解，但是，如果一旦和自己的情绪相左的话，就难以接受了。然后，到目前为止经历过的股票交易当中，一般都是遵循先买入后卖出的顺序。如果进行与此相反的"先卖出再买入"操作的话，就会有很强的不适感。我感觉上述关于心理面的论述写得稍微有些详细了。但是，接下来要叙述的制度层面的难操作性，技术上的困难度(股价变动方面的难度)，实际上操作一下的话就能够立刻习惯并在技术上有所进步。心理面的难操作性如果不经历长年累月的磨炼是不能适应的，虽然从道理上说大家都能够明白，但是在实践当中很难纠正，即便是逐渐适应了，有时也会下意识地回避，那时只有苦笑了，大部分投资者其实都是这样的。

那么我们应该怎么办呢？虽然从心理面上很难克服，除了熟悉适应之外没有其他方法。如果有条件的话，请尽快有意识地进行心理上的适应。

2. 制度层面

(1)融资融券交易的期限被限定为6个月，到期需要结算，所以，会让人感到焦虑。融资融券交易的投资者从一开始就知道6个月的期限，因此，不管是买入还是卖出，在建仓的时候，应该认识到6个月已经足够获得利益了。但是，如果过2个月或者3个月以后，行情不能按照想象的走势变动的话，就会产生心理压力了。然而，虽然想到之后"还有3个月"时间，大可安心持股，但是再1个月的话，意志就会有所动摇。这种意志的动摇，并非那么大，但却持续不断，从早到晚停留在头脑中，使投资者饱受折磨，并且，在生活中即使一些琐碎的事情(比如鞋带开了)，这种动摇会有所增强。更何况，如果在此期间再听到一些与预期相悖的新闻，且行情变动朝着与预期相反的方向变动的话，就会产生不必要的悲观情绪，从而使投资活动陷入失控状态。

奇怪的是，不管是操作1000股还是10000股，这种动摇和悲观都是相同的，并非会因为操作10000股其程度就比操作1000股的程度更大。操作1000股也会感到同样的痛苦(当然会受到损失大小的影响)。因此，当投资者感到痛苦在不断增加的话，为了不再忍受这种痛苦，就会失去理智，不再分析接下来的走势如何而斩仓出局。当然，这个时候一定是亏损最大的时候。斩仓出局之后，走势一般就会开始按照预想的变动了。

融资融券交易中的这种"卖出建仓"操作，仅仅在股价变动剧烈的时候就会产生如前所述的精神上的动摇，而随着6个月期限的临近，这种焦躁感会进一步增强。由于这种动摇会超出人体的极限，使人变得神经质，这不是开玩笑，比如，早上在厕所中惶恐地打开报纸查看上一交易日的收盘价。如果变成这样的话，投资者是不会获得收益的。因此，平复动摇的情绪，在情绪波动的时候不进行操作，是投资者的基本素养。

(2)逆势操作的话卖空、顺势操作的话买入容易获得收益。"低价买入，高价卖出”的道理谁都明白吧？但是一旦自己进行交易的话，一般都是顺势买入操作或者逆势卖出操作，即使如此，由于在低价区间股价波动非常小，顺势操作的收益非常小，如果在这个区间内，下定决心逆势买入的话，经过一段时间的努力，就能进一步对走势的变动感同身受，提升逆势操作的技能。那么此时，由于股价已经跌入谷底，即使再跌也跌不了多少了，就会有一种安心感。而在此时“卖出”的话，由于股价走势“十分不明朗”(在顶部的时候会形成天量卖单，不好成交)，因此难以把握住行情。买入之后，如果行情按照预想上涨，投资者想卖出股票的时候，会发现这个时候卖盘会挂入大量卖单，导致不好成交，这个时候，任何人都会预感到股价会急剧下跌吧？在急跌之前必须反向卖空顺势而为，即使知道这是下策也要卖空。暴跌后接下来的几个交易日一般成交量都很低迷，此时应认为股价会继续下跌，在这个时候下卖空单比较容易获得收益。

然而，在股价暴跌以及暴跌后的行情疲弱之时，卖单集中涌出，成交量猛增，因此低点如何确立交易是非常考验炒股技能的，即便在此之后横盘调整，也不会出现大幅度下跌，这时应该进退有据，等待6个月之后的卖空单赎回清仓的大反弹，或者等待题材的出现，这些之前卖空的资金会等不及立刻赎回，这个时候会有意想不到的股价暴涨。在低价买入并在股价暴涨之后卖出，形成新的高点之时，是走势非常明确的时候，这个时候如果手头有买入头寸的话，要赶紧卖出，如果有卖空头寸的话，则需按兵不动。虽然也会有“已经没有下跌的空间了，但是股价仍然下跌”的行情出现，但是这种行情非常少。因此，这个时候应该将手头的股票卖出 1 成或者 3 成，为什么要卖出 1 成或者 3 成呢？具体原因我们后面会谈到。

总之，虽然类似于说了一些在卖出时要拿出勇气(像哄小孩)的话，但是剧烈的股价变动之中，如果不进行逆势操作的话，是很难获得收益的。

上面我们讲了关于“日本股市的卖出”情况。之所以把范围限定在“日本”，是因为和美国之间有所不同。但就对卖空时的抵抗情绪来讲，两者却是相同的。但是如前面所讲的那样，在美国有股东优待制度，而且在认识上企业是属于所有股东的，总经理是股东雇佣的职业经理人，至少企业的经营是股东委托给职业经理人的。基于这种思考方式的经济社会和合并、M&A 的制度和日本是不同的，美国社会希望上市企业永续存在。因此，美国的股市制度有利于长期持股，而且上述企业行为的动机和日本企业是不同的。

另外，随着融券制度的完善，日本的“卖出”概念和其他市场相比是完全不同的，这就是日本市场落后性的体现。所以，虽说实际上皮尔斯镇小姐投资俱乐部出版的《老奶奶们的股票投资大作战》这本书中的描述多少有些虚构的成分，但是日本证券公司的宰客制度至少和公共性欠缺的证券市场、投资环境是完全不对等的，是日本股票投资者无法想象的。这种宰客行为在美国是完全没有的。

【注】如果将“金融衍生品”写作“为损失加个保险”的话，就会有很多问题出来，比如，认为索罗斯的对冲基金的主要目的“难道不是投机吗?”这种错误的思考方式也出来了，吃惊的同时更让我厌倦了误解，正好《朝日新闻》登载了“金融衍生品”的相关内容，在这里我们引用一下。

金融衍生商品(Derivative)：通过电脑的强大运算能力将债券、股票、外汇等传统金融现货商品进行重新设计的金融商品，主要迎合的是回避价格变动的危险以及投机方面急速增长的需求。和现货商品交易相比，只需要少量资金就可以通过杠杆进行较大规模的交易，由于是不在企业会计的资产负债表中体现的科目，因此其实际形态从外部来看很难明白。因此，国际结算银行(BIS)为了能够把握这种交易的实际形态，正在着手制定相应的政策法规。

第二章

卖出的理论

一、绝对不能卖绩优股票

从现在开始，我想从《行情分析师》等著作中针对“卖出”抽出几个比较难懂的点进行说明。我们先从作为日本的股票卖出有利的有名的理论“Rolling 论”入手。在此之前，我们涉及一些关联事项。长期持有具有发展前景的公司的股票，通过增资、分拆等实现资产重组的投资方法(这些公司的股票虽然有面额，但是却可以基于市场定价，而且可以不分红)是对股东有利。以前的投资公司就是这样做的。但是日本今后恐怕不会再有这样的投资公司了。即使在美国，正价差卖出(不论是股票还是商品)的有利性，以及令罗斯柴尔德构筑起资产帝国的 Rolling 手法等，虽然种类各异但都是非常有名的手法。此外，关于期权有一句名言供投资者参考。由于期权比较复杂，所以不想学习期权交易的占大多数的投资者的钱都在稀里糊涂中跑到学习了期权交易的少数人的口袋里。

与此相类似的，由于利差交易也比较复杂，所以那些不想学习利差交易的占大多数的白痴投资者的钱也在稀里糊涂之中跑到学习了利差交易的投资者口袋里。另外，股票、商品、期权中的买入，也即通过购买“买入期权”这种操作方式获得收益的投资者基本上是没有的。

针对前面关于期权的名言，“期权交易的收益空间是无限大的，而损失的话，也仅限于期权费而已”是对于期权的一种不着边际的甜言蜜语式的宣传。这是美国实用主义经济学者表现被这种宣传愚弄而盲目进行期权交易的投资者的话。现实如此残酷，虽然在日本大肆进行期权的吞单行为的街头证券公司和品行恶劣的证券营业部都获得了巨大的收益是显而易见的，但是无论我们怎样解释这些，能通过卖出“买入期权”获得收益的散户仍然很少，真是不可思议。另外，我本人也不擅长期权交易。那是因为，一是期权的走势变动的感觉是通过精确的计算得出来的，不能只凭感觉，二是期权费需要提前缴纳。我自己也曾做过十几次期权交易，但是我其实也进行了数十次卖出“买入期权”的操作，还没有一次是损失的呢。

【注】罗斯柴尔德家族的资产传说。

英法战争(1805 年)时期，法国与西班牙的联合舰队与纳尔逊提督的英国海军在特拉法尔加海域决战。在英国，由于人们普遍认为英国会战败，所以股市暴跌。罗斯柴尔德却通过飞鸽传书提前一步获悉了英国胜利(总指挥纳尔逊虽然战死)的情报。但是，罗斯柴尔德却向市场释放了“纳尔逊战死，英国海军战败”的假消息，导致了股价持续暴跌。此时罗斯柴尔德大肆买入股票，最终获得了收益。但这个传说似乎是后人杜撰的。实际情况并非如此。罗斯柴尔德构筑资产帝国所用的方法说白了是基于 LME 的期货溢价(正利差)的 Rolling 手法。

关联事项的说明到此为止，我们进入正题。股份公司的设立是基于其事业的发展潜力。没有哪家公司是基于没有发展潜力的事业而设立的吧？其事业顺应了时代发展的潮流，又没有竞争，有垄断优势的公司才能够获得暴利。这个时期是公司的创立期与事业发展的高收益期。但是，不多久，竞争公司就会出现，先前具有垄断优势的公司失去了垄断的优势，利润率不断下降，但是仍然可以通过先发优势(学习曲线、规模优势)、知名度、产品改良等方式获得安定的收益。这个时期是事业的稳定期，在这个时期的企业被称为一流企业、优良企业，其股份被称为“一流股”“绩优股”。比较高的利润率与事业安定度会提升企业的溢价，推升企业的股价。由于收益稳定、事业安稳，因此这时企业的利息占利润的比例和其他企业相比比较低也就是 EBIT 比较高，因此，PE 也比较高。投资者会评估该企业的这个时期能持续多长时间，也就是在市场上被称为一流股、绩优股的时期能持续多长时间来买入股票，这个时期越长股价就会被拉得越高。这个评估有固定的模式可以套用。利润率虽然比较稳定，但是和创业期相比较低。股价中含有溢价(Premium)，因此已经非常高了，所以考虑买入(如果股价进一步推高的话)的人会有所减少。然而，由于占据先发优势，和后发的竞争企业相比利润率仍然很高，因此在筹集研究经费方面有利，资本金会不断增加。所以，这样的企业很少对股份进行拆分(股票分割)，多少能够维持股东的有利地位。以前的那种通过增加股票面额的方式增资的方式更对股东有利。

假设股票的现在价值(股东资本)为1000日元，股份的分割和资本金增资需要股东每股支付50日元，股份总数增加1倍，那么每股的现在价值变为1000+50=1050日元，放弃取得新股权利的价格为1050÷2=525日元。但是由于是绩优股，所以股价会有所上涨。假设股价涨到了600日元，如果投资者不放弃取得新股的权利的话，那么持股数量将变为2倍，也就是总价变成了1200日元(600日元/股)，投资者将获得20%的较大收益。加之，如果公司再分红的话，那么我们就能充分理解为什么持有绩优股会有很多好处了。然而，现在却没有这么好的事情了。现在的上市公司一般不会增加股票面额，或者无偿分割股票，基本都会按照市场定价发行新股，而且这种发行新股都会选择在价格高位时发行。例如，我们假设发行新股时的市场定价是950日元(股价虽然为1000日元，但是发行新股的价格要比实际股价便宜一点)，那么，(1000日元+950日元)÷2=975日元。

即使股价在股票分割之后仍然维持在1000日元/股，那么股东获得的利益也仅仅为25日元/股(如果股东选择行权的话，手中的股票数量增加1倍，盈利为25日元×2=50日元)，收益要比原先的那种分割方法差得多。

由于在法律上是面额股份，所以公司按照市场定价发行股票时实际收到的资本金额为975-50=925日元/新股，这是一个天量资本，根据商法中对特例的规定，这部分资本金需要在新股发行的5年之后返还给股东，但是这个规定在5年之后被废止了。这就可以说明，为什么生命损失保险公司抵制上市公司发行新股时按照市场定价的方式分割股票了(日本是全民生命保险，如果股价大跌，股民跳楼增多的话，保险公司的赔偿会增加)。

说到这里可能还有读者不明白，我们再举一个例子。如果按照市场定价分拆股份(一分为二)的话，股东如果选择行权，需要缴纳950日元，手中的股票数量变为原先的2倍。但是在股票分割之后，股价的变动对股东的影响也会变为原来的2倍(原先的股价上涨或者下跌1日元，对分割之后的效果就是2日元)。因此，股价上涨的话还好说，但新股发行一般都会选择在股价比较高的时候进行，这就可以说明为什么日本在20世纪80年代末90年代初泡沫经济时期各家上市公司一齐(就跟商量好了一样)发行新股了。在此之后，泡沫破灭，股价暴跌，投资者的资产大幅减少。

收益稳定期的企业经营是比较轻松的，有第二代继承的情况下就更加轻松了。企业的经营也就容易变成我们所看到的散漫粗放型经营、多元化经营以及趣味式经营等。其实日本的很多企业已经变成这样的企业经营模式了。绩优企业的代表性公司有很多，比如钟纺、阪和兴业、大昭和制纸等，了解一下上面三家公司，你就能明白日本的企业经营过渡模式了。

收益稳定期——被称为一流股、绩优股的时期，接下来是企业的衰退期。这个收益稳定期虽然比较长，但是也不会持续100年之久。

那么我们来假设这个收益稳定期是50年，应该能说得过去吧？企业创立50年之后，经营者和经营团队会完成交替，经营权落到第二代经营者的手里。这个时候的第二代经营者已经完全忘记了创业的艰辛，企业的资产也已经积累起来了，资金周转也不会有什么困难。但是，企业的收益性会出现逐渐下降的趋势，这个趋势随着时间的推移，会越来越明显，头脑简单的风格散漫粗放的第二代经营团队会慢慢地体会到这种变化。当经营状况变得很糟糕的时候，第二代经营团队开始着手经营的重建。

日本之外的其他国家在重组的时候，会通过M&A等方式砍掉非盈利部门实现经营的再建，也就是实现公司自身的持续生存和发展。但是日本不同，日本企业重组的主要方式是经营的多元化。钟纺的五角化经营就是多元化经营的一个典型案例。上面提到的阪和兴业更是有过之而无不及，不仅买卖股票还染指外汇交易，这哪里是以经营再建为目的的多元化经营啊？分明就是不务正业。受这种粗放式的企业经营方式侵染多年的第二代经营者早已没有了雄心壮志和吃苦耐劳的精神，指望他们实现经营再建简直如同痴人说梦。第二代经营团队将第一代经营者积累的财富挥霍殆尽，最终不得不合并、资本金减记，更有甚者面临倒闭。也就是说，令人意外的是，日本股份公司的寿命不是比美国企业长，而是更短。

因此，综上所述，如果从企业鼎盛时期股票溢价很高的时候开始不断卖出(卖空或者进行 Rolling 操作)的话，就能够最终获得巨大的收益(假设企业破产时的股价为 0)。我从大约 40 年前进入这个行业时就已经决心通过这样的公司构建自己的资产。如果你也是这样考虑的话，建议你不要染指如下交易产品和类型：东证二部股票，场外交易的股票，IPO 股，恶意炒作股，融资融券买入。

之前是这样，以后也如此。另外，那些能够充分利用股东有利地位的投资方法、获利方法已经不可能再出现了。因此，这就是为什么我们说“绝对不能买入绩优股”的道理了。

二、卖出专家不会说的事情

虽然是很久以前的事情了，铃木隆写了一本名为《通过炒股赚钱的方法》(1948 年刊)的书，我们现在来引用其中的一些内容。

《通过炒股赚钱的方法》85 页(原文)：

我们先不讨论股票交易是通过买入赚钱还是通过卖出赚钱。在实际操作中，卖出是有利的。下面我们来分析一下。

人生中最大的悲剧应该就是死亡了吧？因为股票交易失败而将自己的财产损失殆尽并以死谢世的人为后来者敲响了警钟，但是因做多失败而死的投资者与因做空失败而死的投资者的数量哪个更多一些呢？

我们细数一下日俄战争之后作为多方因操作失败而自杀的知名投

资者有平沼延八郎、片野重久、中岛丰八郎等。然而却鲜有作为空方自杀的人。在此之后，第一次世界大战激战正酣的时候，同时也是市场多空博弈正酣的时候，大阪的岩本荣之助粗略统计了下资产稳健增值的投资者数量多方空方哪一边更多一些，发现三井、三菱、大仓等企业的巨额财富皆是通过做空得来的。遍观这些大起大落，我们基本可以断定在股市当中卖空更加有利。

……

多头与空头的知识体系。作为一个股票市场投资者，一般都是从做多开始的。

刚入门的投资者一般都进行做多操作。从做空入手操作的人必然是久经磨炼的专业股民。因此，由于知识和经验尚浅，即使在牛市当中，也不容易获得收益。而且新手一旦遇到旷日持久的熊市，自然是涉世尚浅、当局者迷，一不留神就亏损了。由于大部分卖空投资者已经经历了很多涨跌牛熊的洗礼，因此其炒股经验不可同日而语。这部分投资者不容易亏损。从这个意义上可以说，通过做空获得收益要比做多更加有利，且稳健。做多的投资者和做空的投资者的资金及实力的对比和之前已经在股市中侵染多年、持有过很多只股票品种的投资者相比，入门级的投资者的资金实力是望尘莫及的。不要小看持有过很多只股票这个事情，因为这虽然不能说明这些投资者有能够成为专业投资者的余力，但是在大众投资者之间，在做完本职工作之后仍然有余力操作股票的投资者大有人在，但是曾经持有过很多只股票的投资者和没有持有过任何股票品种的新手投资者相比，就是云泥之别了，有经验的老手会有更多的时间、精力、经验。

我们不能绕开这些因素来评估新手和老手的这种余力的大小差别。做多和做空是太极的两端，可以说这两者在本质上是一致的，或者又可以说成是矛与盾的关系。因此，我们也可以笼统地根据投资者对卖空这种操作的掌握程度对投资者的投资水平的高低进行评定，从结局来看，那些久经股市、曾经持有过很多只股票品种的经验投资者会在力量上占有绝对优势，从而最终奏响胜利的凯歌。

鉴于上述理由，从多空的力量对比来看，多数情况下空会取得压倒性的胜利。从金融从业者的立场来看，操作卖出头寸的投资者会有所斩获，而操作买入头寸的投资者会铩羽而归。

上述内容都足以说明卖出操作才是投资者应该做且必须要做的事情。

上述这些内容都是用旧体日语写的，读起来非常吃力，其中有些内容也比较艰涩难懂吧？我曾经在交易红豆期货的营业部经常碰到铃木隆先生，我们也聊过几次。我最后一次见到他是在银座的一个叫作交询社的店，并一起吃了顿饭。

半年之后，老先生就与世长辞了，我所在的商品交易公司山种证券的一名员工跟我说，老先生的全部著作的版权打包价格 2000 万日元，要不要买，我立刻说，那我买吧？但很遗憾的是已经被其他人买走了。

这事暂且放一放。铃木老先生在操作实践当中是一个彻底贯彻"顺势而为"的行情大师，不论是在上涨行情还是由牛转熊，"按照股价的变动方向调整头寸"是其最基本的操作准则。

我们再来举个例子。假设行情开始上涨，行情的涨跌主要根据酒田新值来判断。股价上涨过程中的冲高回落算一个操作波段，当根据上述方法判断股价将要上涨的时候，不管是上午时间还是下午时间都要执行买入操作。我曾经看过丸宫商事的顾客交易记录，他们会在收到判断的一天内买两次，例如，上午买 2 手，下午买 3 手，都是小额分批买入的。虽然是分批买入，但很快投资者手头就会积累起 100 手的规模。在股价急剧上涨的时候，大家会相约在某个时间节点集中卖出，例如一下子卖出 30%的 30 手。这是能够确保收益的一鼓作气式(有点类似于恶意炒作，卖单急速涌出可以一定程度上影响其他投资者的判断)卖出方法。但是当判断冲高回落之后的回落终结的时候，会再次开始重复上述的多次小批量买入的操作。

循环往复差不多 8 个回合之后，股价差不多就已经冲高到了最高点，在这个时候开始执行反向的套期保值操作，头寸开始增多，顾客的成交记录也慢慢变多，一页记录已经无法概览顾客的头寸情况了，当行情转变未下跌的时候(估计前述的反向操作成交记录是在接近顶部的位置)，顾客每天都会卖出自己的买入头寸，同时增加卖空头寸

(俗称清仓)，不久之后就只剩下卖空头寸了。这部分卖出头寸，会一直持有到6个月后的清仓结算。

当然，在下跌途中会有冲低回调，即使如此，每次清仓结算的时候都会实现巨大的收益，约为多头行情所获收益的2倍左右。

总而言之，这就是投资者经常听到的“要在下跌行情下(持有卖空头寸)沉得住气”，后来，铃木老先生被人们尊称为大空头。虽然我也经常这么干，但我从来不用大空头或者类似的词语来表现自己。

但在我看来，这应该只不过是老先生的防守策略以及生活中的智慧，这要比奉行渡人渡己信条的我来得聪明实惠得多。有所不同的是，我就走了另外一条现世现报的路，经常被那些具有欺诈性的报纸和宰客的证券公司、商品公司百般刁难，有那么几次还差点被他们给起诉了，也算是一种修行吧？但是，老先生绝对不和业内的黑店(顾客屠宰场、庞氏骗局、资本运作欺诈师等)打交道，这样的事情连小道消息都没有，老先生非常干净正直。

【注】庞氏骗局：找到一些拥有大中额资本金的投资者，向他们展示自己的余额2亿日元的银行存款账户，然后跟他们提供了如下的方案：“您也出2亿日元。这边还有其他3个投资者，我们每个人出资2亿日元，一共10亿日元，就可以成事了！我负责股票的交易。因为是我负责交易，那么我拿收益的6成。你不用做任何事情，就可以坐收4成的收益，怎么样?”在交易的开始阶段，每隔一定时间就会提交给参与的投资者交易明细单，并在此基础上进一步劝诱出资者追加资金。

但是，不管是投资者出资还是不再出资，当对方确认投资者不会再出资的时候，就会给投资者发送亏损的交易明细单，而投资者的银行账号中就会平白无故地从黑字余额变成数亿日元的浮亏。于是这些人就会和投资者说：“是我们的投资策略失误导致的亏损，非常抱歉。但是我也是一个男人。在此之上我不会再给您添麻烦了。这次导致的亏损，我会终我一生偿还您的。”这个过程大概会持续2年的时间。我的客户当中就有上了当的人。虽然我深知这种庞氏骗局的内幕，但是我却也有难言之隐，一般不会告诉自己的顾客。因为他们曾经把我追到死胡同里，并威胁如果我把内幕告诉这个客户，就杀了我。

几年之后，我又再次碰到了这位受到惨痛打击、失魂落魄的客户。“不，林先生。股市太可怕了。我一辈子都不会再碰了。但是，那个××先生也是个有担当有责任感的人啊！到现在我每天对着佛坛念经祈福的时候，还都会祈愿他能够东山再起呢?”我看这哥们儿已经被骗得精神失常了吧？到现在还没从这个骗局中解脱出来认清其真面目啊！我想是时候该告诉他真相了，但是因为这件事已经过去很久了，现在再拆穿也已经没什么意义了，所以就没说，但我也完全没想到这帮黑店的骗人手法如此之高明。即使在他之后来我公司做业务的顾客当中，虽然这哥们儿这么极端，但也有一些碰上了类似的骗局，但我是绝对不会把真相说出来的(说出来我就死定了)。

此外，即使在现在，那些从事黑店勾当的恶徒当中冒充战绩丰富的投资评论家还出版炒股书籍的仍然大有人在。

三、融资融券的卖方获得拆借利息

由于现在日本已经步入了超低利率时代，官方规定的史上最低的隔夜拆借利率为 0.5%，所以，融资融券交易的卖方收不到融资融券费用(隔夜拆借的利息)。但是，融资融券的买方却需要按照年利率 1.7%支付这个费用。因此，这个利息完全类似于手续费。也就是说，按照最低限额保证金进行融资融券买入的话，如果买入了 1000 万日元的股票，那么必须事先存入银行账号保证金的金额为 30%，即 300 万日元。从银行拆借的金额明明是 700 万日元，但拆借利息却按照总交易额的 1000 万日元收取，很不合理，这和银行业务中的存贷利差是一个道理。我们先来看一下银行的存贷利差是怎样操作的。假设你存入银行 3000 万日元的话，可以从银行贷款 1 亿日元，而存款的年利率仅为 0.15%，但是借出来的 1 亿日元的年利率则为 4.5%。其他的还有例如担保(抵押)套利也是这种方式，例如，和借贷人签订了抵押贷款协议，用土地担保从银行借入 1 亿日元，每月返还 200 万日元，但是每月返还的 200 万日元并非用于偿还贷款，而是存成定期存款，直到定期存款的总金额达到了贷款本息合计金额为止才算还清，在这之前的贷款利息仍然按照总金额的1亿日元收取。由于这种贷款的还款模式太黑，最近大部分银行已经终止了这种贷款协议。但不管怎么说，我们举这两个例子的主要目的是为了说明向银行拆借资金的这种股票交易方式明显对借款人(买方)不利。

这种情况在资本主义国家是非常理所当然的，因此融资融券交易中“卖空”的情况大相径庭。融资融券的卖方卖出手中本不存在的股票，收到了钱存在银行，算作是存款人，因此是收利息的一方。本质上卖空者并没有向银行拆借资金，而是存入保证金之后，借入股票卖出，仅仅做到这一点就可以获得利息。在15年前利率非常高的时期，如果进行融资融券买入股票的话，要按照年利率9%支付利息，而进行卖空操作的投资者却可以按照比买方的利息低1.5%的7.5%获得利息。为什么卖空者能够获得利息呢？下面我们来解释一下其中的原因。

其中融资融券买入的投资者的利率是和官方制定的利率标准联动的，整个投资过程中如果拆借资金的话，这个利率要比官方利率稍微高一点。而对于卖空方来说，反而变成了吃利息的机制了。卖空方之所以吃利息基于如下理由。

卖空方从证券公司借入股票，然后执行卖出操作。由于是借入的股票，当然必须要支付借入股票的费用，然而，借入股票卖出之后收到的款项却暂时存放在证券公司的户头上。而证券公司可以将这笔资金拆借给融资融券买入的投资者，收取高额的利息。因此，从融资融券买入方获得的利息减掉卖空方借入股票的手续费的余额会返还给卖空方，这就是卖空方获得拆借利息收入的原因之所在。但是，由于把买入方买入的股票借给了卖出方用于卖出股票，因此，按道理来说，证券公司应该向买入方支付拆借股票的手续费，但是这一点在设计融资融券机制的时候，并没有将这一点设计进去，因此卖空方占了个大便宜。目前，这个漏洞受到广泛的质疑和批判，为了修正这个漏洞，就有了“逆利差”制度。

以上部分内容来自于福永保著《股票投资高级课程》(日本经济新闻社)。

不管是哪一种，都是买方支付利息而卖方不支付利息或者取得利息，因此，都是卖方有利(但是从 2006 年 6 月开始，也开始收取卖方 1.15%的利息了)，并且，和前面的卖方获得利息的理由相同，买方支付的利息要比官方规定的利率水平高一些，所以比官方规定的利率低的卖方支付的利息仍然要比定期存款的利息低，因此在制度变更之前的时代，进行卖空操作的很多投资者的主要目的就是为了获得这种“利差”。也就是说，在这些被称为长期悲观派、大空头的人中，就有一些专门进行以赚取拆借日息为目的的卖空操作的行情大师。

I 证券公司有个叫 M 的营业员，由于他只进行“卖出”交易，所以非常有名，即便是在 20 世纪 80 年代末的泡沫经济时期股市飙涨的时候也只接待希望进行“卖空”操作的投资者，他们只做卖空交易。“买入！简直是胡闹，股票是用来卖出的”，即使是在大牛市里，他也秉持这样的信条。那么，投资者可能会说，在大牛市当中几乎所有的股票品种都上涨，怎么会有下跌的股票呢？其实是有的。例如，日经 225 平均股价在 1989 年 12 月到达最高价，而金融股是 2 年零 8 个月之前的 1987 年 4 月到达的最高值，金融股是在大约 2 年之前的 1987 年末至 1988 年初到达了最高值。为了增加说服力，我们来展示一下当时到达最高值的具体时间，如表 2-1 所示。

表 2-1　不同股票的见顶时间

股票代码	股票名称	时期	股价
6955	富士电气化学	1984 年 10 月顶部	2850 日元
6954	FANUC	1985 年 2 月顶部	13880 日元
6952	卡西欧	1985 年 2 月顶部	2070 日元
6953	NCR	1986 年 12 月顶部	2062 日元
8318	住友银行	1987 年 4 月顶部	5050 日元
8319	大和银行	1987 年 4 月顶部	2400 日元
8314	樱花银行	1987 年 4 月顶部	3250 日元
8604	野村证券	1987 年 4 月顶部	5990 日元

“能够进行卖出操作”的股票在任何时候都是存在的。也就是说，在日经 225 平均股价超过 2 万日元开始暴跌之前，作为行情先驱的电

子电器股、银行股、证券股等都早已经进入了暴跌通道。我在1988年5月的连休之后开始将手中的现货品种全部清仓，并在1989年6月开始卖空的，而上面所说的就是我当时的判断依据。这个I证券公司的营业员M先生的那些口头禅、信条与我们公司的首席行情师(分析员)山种先生完全相同。

所谓人气是一种“无法测量”却又真实存在的东西。不管是股票市场还是商品市场，虽然指的是一群以“卖出”为主的投资者，但是却在各方面都有所不同。

长期悲观——一般大众投资者并不关心交易制度、机构等，在操作中重视做多。站在这些无知无畏的大众投资者对立面的就是长期悲观派。

赚拆借日息——这里仅限拆借日息。前面所讲的以获得拆借日息为主要目的而进行的融资融券卖出操作，是一种储蓄式的思考方式和操作方法。由于是融资融券卖空，按理说应该是卖出那些“有可能会下跌”的股票品种而持有卖空头寸的吧？其实并非如此。虽然看上去他们都会选择那些“看起来会下跌”的股票，但实际上他们选择的是那些“看起来不会上涨”的股票。

Rolling法——不论是股票市场还是商品市场的交易都是定期进行的。从日经225平均股价期货、欧元日元利率期货、欧元/日元期货、债券期货到金银等贵金属的商品期货的溢价(期货升水)等都是可以卖出的，也被称为Rolling法。其实，这种手法也被称为“超卖”，是指不断卖出非定期市场的同一股票品种的方法，这种方法也可以称为Rolling法。然而这明显不是为了赚取利差、利息的贴水(现货溢价)，而是通过价格下跌获得收益，因此虽然被称为Rolling法，内容却是大相径庭的。

因此，上面所说的“卖出”既不是持有商品股票的套期保值卖出，也不是以保险为目的的金融衍生品的一部分的卖空头寸，而是纯粹的不看好后市，也就是我们所说的卖空。

总而言之，所谓行情这种东西，是在最高价和最低价之间循环往复，最高价叫作顶部而最低价被称为底部，制造(上市之前的定价)、发行(交易的商品、股票、股份、债券等的上市交易)之后价值不会上涨，因此除了进行卖出操作以外，我想不出其他的操作方式。

由于这些定期交易产品，或者说是能在二级市场上进行买卖交易的商品、股票品种并非是古董品，因此从品质到内容必然会越来越劣质，价值是绝没有可能增加的。人的最终结局就是死，商品、股票品种也是如此。

由于商品、股票品种的价值是不可能增加的，因此除了进行卖出操作之外，想不出还有其他的操作方法。而这些商品、股票品种的价值不会再增加指的就是其品质和内容不会变得更好，例如，一件衬衫被提供到市场上之后，必然面临将来被扔掉的命运。商品、股票也与此相同。

那么，那些大空头是如何看待牛市的呢？他们的观点用一句话概括就是“股市上涨是基于人气的”。任何市场的买方和卖方的构成(多空对比)基本可以概括为：

买入=买入预期

卖出=卖出现实

股市的涨跌取决于所有投资者对其将来的发展性(其内在有很多因素，这里指的是所有因素)的预期，也就是人气。这里所说的人气和艺人的人气是完全相同的，这个观点很多炒股的书中都有。不管是因为这个女演员演得好还是长得漂亮，人气这种东西是没法持久的。随着时间的推移，这个女艺人必然会年老色衰，最终死去，但是针对所有女艺人来讲，又会有新的受欢迎的女艺人出现，因此人气是可以再生再造的，但这种所谓的人气，只不过是梦幻泡影罢了。我们说人气是“梦幻泡影”，可能就有点极端，为大家所不能理解了，所以我们来举个例子。

当股市泡沫不断膨胀的时候，沿海开发或深度地下开采等概念股就会受到热捧，紧接着就会有非常详细的开发开采方案发布，并罗列出从事这些业务的企业，这些企业的股份就堂而皇之地上了各家证券公司的股票推荐榜单。然而，毕竟这些概念都是不能实现的“梦想”罢了，因此，可以形象地称为“梦幻泡影”。

四、让盈利落袋为安

市场的构成是指“买入预期”和“卖出现实”的投资者的比例。理想(当然是希望能够变为现实的)虽然终究是不确定的，但是这些理想被包装并作为概念提供给市场的时候，却给出了既定的路线和可实现的诺言。虽然满怀理想并乐在其中，但是不要手贱，这个时候投资者必须思考的是能够使这个理想实现的要素是什么，能够实现的可能性概率是多大，在没有考虑这些之前，千万别买这种概念股，即便是买，也要结合上述内容考虑到这个理想无论如何都会被夸大，只不过是夸大的程度有大有小而已。

正如我在另外一篇文章的“探讨”章节里提到的那样，针对股票评论家和新手投资者所说的“在这个价位买入”是指在这个价位买入能够获得收益。投资专家的观点其实也是“在这里应该买入”，但这些投资专家所想的是在这里买入需要承担多大的风险并获得多大的收益，新手和老手的思考方法虽然看起来相似，但却是本质的不同。所以，“买入预期=追逐账面盈利”“卖出现实=确保到手利益”是可以明确的。可以说，这种人气是一种不确定的无常态东西，寄希望于通过这种不确定性的东西获得收益，其困难是超乎想象的。下面我们再来翻译一下辞书《广辞苑》。

无常的、虚幻的、短暂的——以达到成功为目标的工作量。无法获得成功，无法获得期待的结果的意思。①没有这样的内容、不得要领；②达不到有求、不靠谱；③事物的契合度很小；④单薄，空虚；⑤粗略的；⑥没有经过深思熟虑的。

说来说去，人气可不就是这样一种东西嘛。兼松日产农林公司的股票从349日元一路暴涨至5210日元，之后转为急剧下跌，即使如此，那也是一个“虚幻的预期”，而卖出才能够确保到手的收益，我们现在讨论的已经不再是“买入预期的虚幻”了。现在我们讨论的是恶意炒作等人为操纵的股价变动的情况，这和女艺人的人气、大众人气的虚幻有所不同。

我们到现在为止所叙述的是前言中写的“证券公司、财经报纸只推荐‘买入’，但是卖出更加重要”的观点，即日本股市制度非常不利于长期持股(成为公司的股东没有一点好处)。日本股票市场和美国市场不同，卖出才能赚钱。这两个观点我们前面已经做了非常清楚地论述。此外，即便说到卖出，在现实当中还分三种，即：现货的“卖出”，也就是我们所说的清仓；反向操作的“卖出”；卖空。我们这里所说的“卖出”只涉及前一种和后一种，但对反向操作没有任何提及和讲解。因此，我们从现在开始讲解“反向操作”的基本内容，但是在此之前如果我们能完全理解卖空的话，就很难理解“反向操作”。

由于“上涨行情时要通过买入赚钱”，所以“下跌行情下要通过卖出赚钱”是理所当然的。这里所说的“通过卖出确保到手的收益”是很难理解的，即使花上一天时间为大家讲解，乐观预计最后仍然会有8成投资者听不懂。而且，听懂的投资者当中约50%是“不想做这种套期保值交易”的。首先，无论如何都不能理解的人，是在日常生活中处于买方的工薪阶层，这些工薪阶层虽然在公司里面从事的都是“卖东西”的工作，然而在生活中他们却是用自己的工资购买生活资料的消费阶层。虽说如此，我们可以明显地感觉到，他们在公司里面从事着“卖出”的工作，但那只是工作，而在股票市场中，买卖股票却不是一项工作，而是获得收益，构筑自己资产的手段，并且，我们退一步说，即便“卖出手头持有的股票”是一项工作，但卖出手中没有的股票却是人们无法理解的“奇怪的信条”，已经超出了这些人的常识范畴了。

我们可以这样解释，所谓的市场行情是指不管是先卖出(基于合约)，还是先买入(基于合约)，只要和买入的价格相比卖出的价格更高就能获得收益。即便如此，还会有人转不过弯儿来，他们会堂而皇之地反驳，并非买入合约，而是“买入股票的操作”，也并非卖出合约，而是“卖出股票的操作”。因此，我们是无法卖出并未持有的股票的。由于股市价格上涨在一定程度上可以说明经济整体的景气度高，所以“想买却没有买的空档股价上涨就是亏损”，“想买却没有买的时候股价下跌了，那么这个时候买不就等于赚了吗?”所以，应该在预期股价即将下跌的时候先暂时不买入，而等到下跌到一定程度的时候再买入吧？进一步说，为了将来能够更好买入，现在就应该卖出，这个思考方法没有错吧？这难道不危险吗？其实，买入之后如果股价持续下跌的话同样也是危险的，但这却不被认为是“奇怪的信条”。这样的投资者的数量占整个市场参与者的80%，所以能够理解我的理论的人只有剩下的那20%，而这剩下的20%的人当中又有50%，也就是一半人即使理解了，也不这样操作。所以，能够卖空的投资者只占投资者总数的10%左右。

《炒股成功实践论》中也写得很清楚，能够通过炒股赚钱的投资者只占总投资者的5%，占进行卖空操作的投资者的一半，因此，通过卖空能够获得收益的可能性要远远大于不卖空的投资者。另外就是“对冲交易”，我在《对冲交易的实践》中写道，山崎证券(现在的山种证券)的山崎种二先生在担任东京海上日动保险公司的大股东的约20年时间里，持股成本约为-1200日元，这得益于他时刻进行“降低成本的对冲交易”。

在日本，持续持有绩优这种炒股模式已经变得无利可图了，因为投资者持股期间，虽然公司会进行面额增资、无偿股票分割等，但通过计算的话可以得知，持股的成本(买入的价格)会不断下跌，导致持股的合计价格(投资者资产)没有增加(持股总数增加)，资产也没有得到保值。但是通过活用套期保值交易，就可以像以前通过长期持有一样构筑起自己的资产了。

五、一种被称为保险的东西

假设用1000日元/股的价格买入了某只股票，但股价下跌到了800日元，判断此后有可能继续下跌，因此用手头的股票做担保，执行卖空操作，这就叫作“对冲”交易。严格来讲，这是买入建仓和卖出建仓同时操作的手法，俗称“落袋为安”，是以减少损失为目的的操作，如果你想这样理解，也是可以的。不管怎么说，我们在股价从1000日元跌到800日元时进行对冲交易的操作。此后，股价一路下跌至500日元，而反向建仓的账面收益是300日元。这个时候，1000日元买入的股票成本就变成了700日元，而1000日元买入的股票的现在价值是500日元，为买入时的一半，但实际亏损仅为200日元。

如果之后股价在500日元触底反弹再次进入上涨行情，并一路涨到900日元时，我们将1000日元购买的股票以900日元卖出的话，买入时的价格1000日元卖出时的价格900日元看起来像是损失了100日元，但是由于在这个过程中进行了套期保值交易，获得了300日元的利益，因此，实际最后是有200日元的收益的。假设在股价反弹至900日元时，并不急于将股票卖出，而是再次进行反向操作，在此之后股价冲高回落再次下跌至500日元，那么这个过程中的反向交易的收益就是400日元。再加上前一次的反向交易的收益300日元，一共砍掉了700日元的持股成本，因此，当股价在500日元时，买入价格为1000日元的话，虽然有500日元的损失，但是由于已经进行了两个反向交易的操作，获得了700日元的收益，因此最后的总收益为200日元。也就是说，1000日元的买入原价(成本价)一下子降低到了300日元，因此反向交易不失为一种有效的降低成本的方法。

1992年8月以来，大藏省调集国家资金强行进行估价PKO，估价产生了大幅的上下波动，由于是很多次的大幅度的上下波动，即使还没到达顶部或者底部，进行了反向操作的投资者的持股成本也有很大幅度的降低。此外，反向交易驾轻就熟的投资者会有“下跌的时候反向操作就是全部”的判断，此时，投资者可以进行持股总数的3倍(由于融资融券的交易保证金为操作总金额的30%，因此可以将持有的股票作为代用保证金，进行3倍规模的卖空)的反向操作，这样的话(如果投资者对这种交易非常熟练的话)，那么仅仅通过一次反向操作就可以平掉所有因下跌导致的损失。

但是，都要达到熟练的程度对投资者来说是非常难的。然而至少在从1992年开始的这种大规模的上下波动行情中，与其通过“买入”来获得收益，还不如通过“卖出”来降低成本更加容易和可靠。因为从1997年1月开始，1989年大泡沫破灭以来，大多数股票都纷纷触及了历史最低价。因此，即使在上下波动过程中的低点卖出，现在也能获得收益，如果资金宽裕的话，通过反向操作卖空就可以获得收益，若能够小批量卖空的话，既能减轻精神上的负担，又能获得更多的收益，所以反向操作的本来目的就是确保已经到手的利益的交易手法。

交易所设立的三大目的中的其中一个就是“提供套期保值的场所”，这个机会谁都可以抓住，所有的投资者都得到了解放，每位投资者都有利用这个方法的权利，但是现状却是只有很少投资者(全部投资者的大约10%)在用。知识的欠缺、不学习、先入为主的错误观念等，我们见得多了，但却没有见过如此知识欠缺和不学习的，已经到了让我大跌眼镜的程度了，要是这么不爱学习的话，压根儿就根本不用来炒股了，股市不是这些投资者该来的地方。所谓的股票投资，并非买入之后就能自然获得收益的，要想通过动产(针对房地产等不动产的动产)来获得收益，至少要付出最低限度的努力来学习获利的技能，这些技能包括选择、更换品种、保险，不学习这三项技能是赚不到钱的。来我们公司买书的投资者都不会看到“反向交易”的广告，因为压根儿就没有这样的广告。所以，投资者没有机会知道还有这种投资手法，因为没有这方面的知识，当然就不会做这方面的交易了。

因为做广告的人所做的广告肯定是对自己有利的，而如果大家都知道存在“反向交易”这种手法的话，那么做广告的人还赚什么钱呢？销售楼盘的广告都会将宣传的重点放在宽阔的室内空间、地段条件、优美的景观等上面，而诸如门窗用材的单薄、恶劣的空气流通、建筑用材以及工事的偷工减料等对业主不利的因素则只字不提，这就是所谓的不动产的销售。我们再来看看动产是怎么宣传的。“由于最近实行超低利率，购买外汇债券能够大赚！”的广告非常显眼。宣传的基本都是基准利率，而完全没有针对实际利率的宣传。这简直就是商业欺诈。

因此，我在《炒股成功实践论》中写道，在股票投资中，无知等同于犯罪。因为你操作的资金是全家人的共同财产，由于自己的轻率无知而损失的话，我觉得这基本和犯罪没有什么区别。

(1)反向卖出操作是一种能够确保收益的保险手段；

(2)手头持有股票的目的当然是卖出之后能够确保收益；

(3)卖空是为了能够在股价下跌中获得收益的手段。

这三种卖出行为是异曲同工的，而有保险性质的操作是反向交易。大藏省并没有将反向操作理解为保险的一种，而是将其视作万恶的金融衍生工具加以禁止，因此成为不良债权大增(催生出了资本主义300年的发展史中最大的泡沫，以及泡沫破灭导致的全球金融危机)的重要原因之一，这些大藏省官僚的白痴一般的理解能力和普通投资者并无二致。

日本融券市场的落后来源于政府部门主导的证券行政工作的原则性错误，而日本证券市场被“誉为”世界最落后的证券市场也是这帮大藏省官僚的各种行政错误导致的。在生命保险、火灾保险等方面都稳居世界第一的日本为什么单单在股票的保险方面成了世界倒数第一呢？这种反差(世界第一喜欢保险的国家却在持有股份的保险方面成了世界倒数第一的这种极端的现象并非只是随口说说，而是板上钉钉的事实)和日本经济中的制造业全球领先而非制造业的发展却落后于全球水平是如出一辙的。这一点我必然会抽时间和专家进行探讨，大概有可能是因为日本政府过去一直奉行产业保护政策的结果(护送船团方式)，应该是八九不离十的。

虽说如此，即使是在纠正战败之后公司的资本金过少的票面增资的股票长期持有有利的时代，就像我在《行情分析师》这本书中写到的大阪的盲目的行情师所说的“增资后就要卖出”的讲座一样，现在是按照市场定价发行股票的时代，对卖出就更加有利了，而通过炒股理财的源泉就是“卖出”。

古书《叶隐》中有句名言：“所谓武士道就是如何光荣地赴死。”如果我们套用这句话的话(《行情分析师》中山素男先生也这样说过)，所谓炒股就是如何卖出。正如《叶隐》的名言表现了武士道极悲的一面一样，“所谓炒股就是如何卖出”难道不是表现出炒股的极端的一面吗？我想应该可以这么说吧？但是，泡沫破灭之后暴跌开始到现在为止的(或者可以考虑到接下来跌到最低点为止)时间跨度和20世纪80年代末期的泡沫大行情相比要长很多，也就是说卖出的时间要比买入的时间长，因此我们上面所说的“炒股就是考虑如何卖出”绝非极端的表达。

如果将股票的投资活动分为买入期间和卖出期间的话，整体的三分之一的时间是跌到一定程度就买入的时间，而剩下的三分之二的时间则是在此之上就要卖出的时间。

所以，我们上面所讲的"炒股就是考虑如何卖出"是真心话里的真心话，但真心话讲的越多，越让人感觉那是谎话，因此，从这个原则立场来看的话，想要得到普通投资者的充分理解是异常困难的事情。但是，真正努力希望通过炒股获得收益的人却能通过学习和实践理解这些金玉良言。

本书开篇就讲到了，炒股能否成功取决于投资者的卖出操作，而且，这是通过炒股获得收益这件事的原则中的原则，说到这里，大家应该对此都没有异议了吧？而这个卖出，不管是否包括清仓卖出、卖空、反向卖出这三个方面，还是其他方面，其重要程度不分彼此。

此外，炒股经历比较长的人笑着和你说"通过努力学习终于掌握了'买入'的技能"，但是"卖出"方面却仍然不行的话就是非常不像话的事情了，对此大家应该都没有什么异议了吧？由于买入的股票必须要卖出，因此卖出与买入这两方面不能说哪方面更加重要，为什么投资杂志或者评论家都只解释"买入"，而不再进一步解释"卖出"了呢？可以说这是只在日本才有的稀有现象。不管是在美国还是在日本，如果你成为行情师的弟子，那么接下来的几年时间的基础教育就是教你如何"卖出"，这和上述现象是殊途同归的。

我不得不告诉你，在任何市场，特别是在日本市场，如果你不进行"卖出"操作的话，就会被认为是业余投资者。

第三章

卖出技术实操

一、顶部股价特征为剧烈波动

虽然在高位应该执行“卖出”操作是常识，但是，不管是在延续多年的超级大牛市，还是持续数个月的小牛市，都是一样的。

高价=股价剧烈波动

低价=股价缓和波动

顶部和底部会有剧烈波动的典型就是图3-1至图3-3所示的江户时代的大米行情、200年前的华尔街的股票、战前的明治、大正、昭和的商品行情、股票行情等，虽然品种以及经济状况有所不同，但是其变动的方式大致相同。

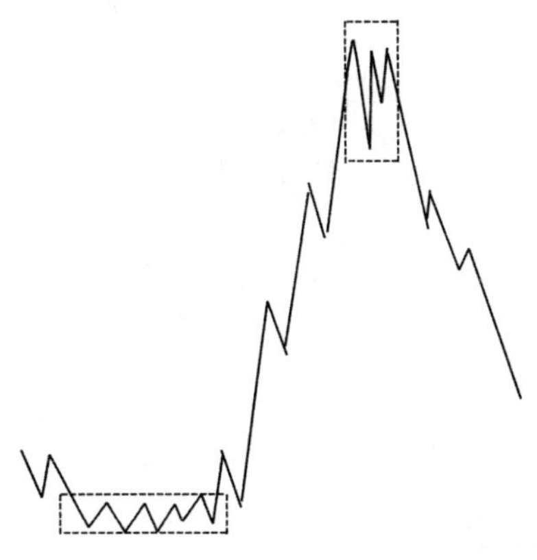

图3-1　江户时代的大米行情走势

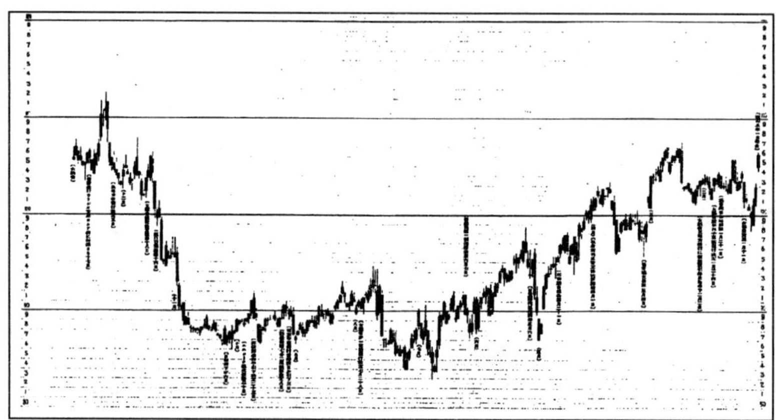

图 3-2　昭和五年度短期新东日 K 线

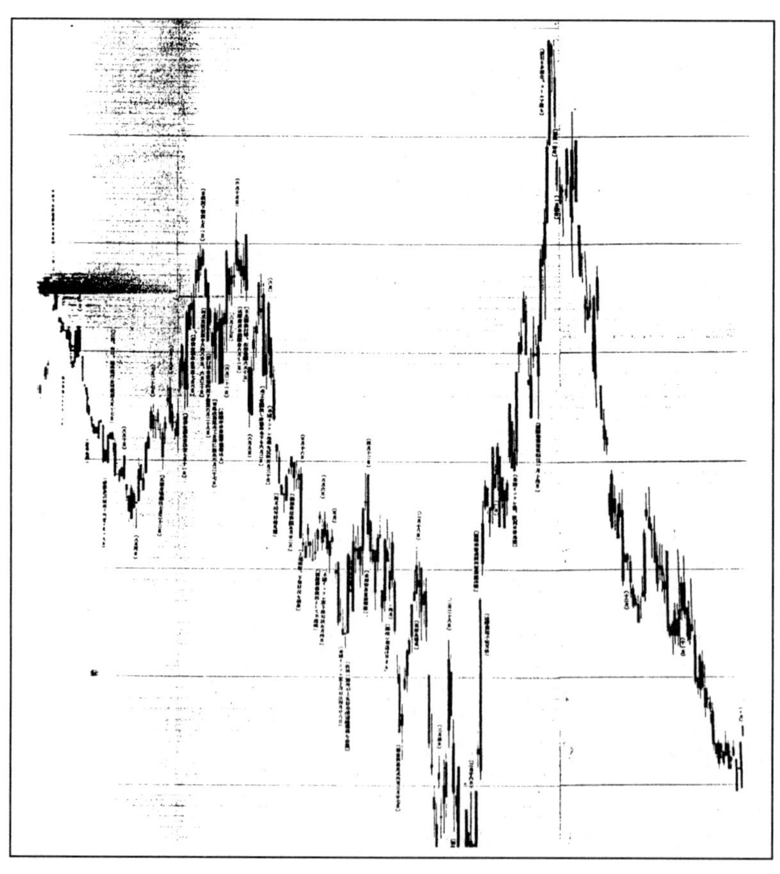

图 3-3　昭和八年度短期新东日 K 线

因为行情是受人气盛衰影响的。昭和五年，股市在大恐慌之后到达了大底部，之后昭和八年到达了顶部，请看图 3-3 右边部分。

图 3-2 和图 3-3 说明新东在顶部的股价波动与在底部波动大为不同。大致来讲，在底部 1~3 个月的股价变动幅度为 10 日元，然而在顶部的一周时间中，3 天就变动了 10 日元。这个股价波动倍率如果按照某一时点(或者期间)来比较的话，差异有 10~15 倍之大。因此，在高价点位损益的比例会比较大。此外，到达行情顶部之后的升高回落的幅度也会比较大。如图 3-3 所示，在不到 1 个月的时间里就有约 90 日元的降幅。此时卖空的保证金约为 1/10(如果股价为 200 日元，购买 10 股，那么所需的费用为 200×10=2000 日元。保证金为 1/10，约为 200 日元)，即使比这少一些也是可以的，因此假设其为 100 日元，那么 1 个月的收益就有 900 日元，也就是说加上本金的 100 日元一共 1000 日元，在 1 个月的时间里资金增长了 10 倍。这就是“在顶部卖出”，这岂止是炼金术，简直可以叫作一战成名了，现在纽交所的股价走势图也是一样的，诱惑人们进行卖空操作。

但是，顶部的卖出却需要巨大的勇气。这其实是一种错觉，俗话说：“好赚却赚不到，天上不会掉馅饼。”但是，想要在大顶部的那一点(走势的正顶部)卖出几乎是不可能的。在顶部附近(到达顶部之前)……逆势操作；当判断越过顶部之后(顶部之后)……顺势而为。因此，执行卖出操作，但是“上涨中不断卖出的逆势操作”是通常的方法，也就是我们通常所说的分批卖出、在上涨过程中分批卖出，到达顶部下跌之后，原先的卖出就变成了有浮盈的头寸了。

但是，由于股价变动非常剧烈，因此分批卖出的股价间隔幅度会比较大，然而，在即将到达顶部时，如果迟迟不能冲高回落，而是一直在顶部波动，那么投资者手中的卖出仓位会越来越多。目前，融资融券的保证金是股价总额的 30%(商品市场约为 10%或者更少)，然而仍然会出现贪得无厌的投资者押上自己所有的资金卖空，并且追加保证金，而且一直持有，直至爆仓。

现在做投资经理人并著有《投资经理人的智慧》《投资经理人的股票投资策略》的渡边干夫做出了如下论述：

杠杆千万不能过高。在进行股票投资的过程当中，怎样设定建仓比例才是最合适的呢？首先，需要学习成功者的观念。

“在对自己有利的博弈中小赌的话最终会取得胜利。”

“大体来讲，失败者之所以失败，是因为赌得太大；胜利者之所以胜利，是因为能控制自己想获得胜利的欲望。”(Larry Williams)

“在资金没有获得100%~200%的收益之前，不要扩大自己的建仓价格区间。稍微赚点钱就急不可耐地堵上自己全部的身家性命是大多数失败者的共同特点，那是走向身无分文倾家荡产的道路。”

“连续的胜利会导致投资者自我满足，而自我满足又会导致失控。”(Marty Schwartz)

“我认为能长期生存下去并获得成功的秘诀和资金管理的技术密切相关。股市中既有上了年纪的投资者，也有大胆的投资者，但是，上了年纪还大胆的投资者却少之又少。”(Ed Seykota)

“越是不懂行情的投资者越会抱有用大量资金进行交易的效率更高的想法”(林辉太郎)，在股市中成功的人都会说“沉住气，谨慎”，但是这和“适可而止，不要过于深入”的意思并不完全相同。根据岩波国语辞典，“沉住气，谨慎”是指“不能自己想干什么就干什么，要学会保守，要有所忌惮，不做出头鸟”的意思。说到这个词，我们常听到的是“因为你是女孩(男孩)，所以请表现得像个样子，能沉得住气”“我想在这件事上谨慎行事”等，一般都有倾向于消极的、无可厚非的意味，甚至还含有些消极的意思。

然而，股市中的“谨慎”却包含另外一层积极的意思，“留有余地的资产管理策略在基于炒股的资产增值当中是上策”，这是股市的智慧，炒股的要诀。就拿我的炒股流派来说吧，要诀就是“谨慎，并让波动随着时间变得对自己有利”。虽然我们都觉得前人都想说这个意思，但是却没法确认。炒股爱好者们有不断增加自己仓位的倾向，如果没有炒股智慧的话，这种倾向无法被抑制。要抱着积极的意志，谨慎地炒股。

以上是引自《基金经理的股票运用战略》一书的论述。

二、补仓否定论

炒股失败的人十个有九个是不进行补仓的。与之相反的，成攻的人十有八九认为补仓是有效的。但这并非是这些成功的投资者成功之后才这么说的，而是某个评论家写的补仓否定。在美国股市当中有一个被称为“随机游走”(Random Walk)的法则，是说股票价格的变动完全没有规律可循，类似于布朗运动。在这样的行情中投资者要冷静地接受自己的宿命，笔者希望在人的智力能够解答的范围内100%地描述清楚股票价格是如何波动的。该论述如下：

行情并非绝对的(后续说明)。与其根据题材(资讯)还不如根据K线(K线图)能够更加容易地判断交易的时机，并且，如果不根据K线决定交易策略的话，会变得比较主观且也不能找到判断的理论依据。既然行情没有绝对的，因此K线图也不是绝对的。现在能够明确的就这些。也就是说，一个走势(上涨或者下跌)的倾向会长期持续。目前的走势将会持续到哪里，持续多长时间，没有任何人能够100%地进行精确判断。

如果上面的假设是确定的，那么基本可以明确的是个人投资者除了顺势而为之外，没有其他必胜的法则。而且，必须保持一种认识，那就是这一波行情的走势有可能只持续到明天，明天行情就会逆转。

我在这里想对读者传达的实际上是希望读者朋友能够再次认真思考是否要补仓(持有的股票下跌之后，用更加便宜的价格买入持有的股票，使整体的持股成本下降)。

关于局部进行补仓的问题，实际上在专业的股票投资者当中也在就其可行性议论纷纷，但意见却没有达成一致。我一般都会把“绝对不补仓”作为自己炒股的一个准则。

如前所述，这个准则的前期假设是“行情没有绝对的，投资者所能做的就是基于K线图，判断目前行情下哪个趋势将会持续下去”，这是一个非常严酷的现实。

一般来讲，补仓要根据股价波动幅度、补仓比例以及股票价格的变动来进行。写这个补仓否定论的人在1990年的大暴跌中损失惨重。我是补仓肯定论的支持者。然而，我认为在“补仓过程当中必须要有一个恰当的计划”。评论家的补仓否定论中所说的“补仓”，是指买入一只股票，股票价格下跌之后，毫无计划地随便乱补仓。在剧烈的股票价格的波动当中，如果投资者没有头寸或者仓位的话，是体会不到的。在这种剧烈波动当中，不管是根据价格变动还是价格变动幅度，或是根据持仓比例，必须进行有计划的尝试性补仓。而抱有补仓否定论的投资者必然会在确认顶部之后才卖出。判断股价是否到达顶部的依据是没有的，这种判断都是投资者个人的判断。因此，会受到诸如“这样啊，你能够‘确认’顶部呀！你真是有超能力啊”之类的挖苦。为了说明这一点，我们举例如下。

股价每次的变动幅度为100日元，持仓比例每次增加10%，虽然每次股价上涨并画出大阳线的时候，投资者就会根据自己的判断（还不如说是“个人的好恶”或者“简单易操作的方法”）操作，当然，这个时候就必须做出“接近顶部”的判断，并恰当卖出补仓，但是这个判断应该是在进行尝试补仓之前，或者在尝试补仓之后才能感觉到的（感觉必然在实际尝试补仓之后），在尝试补仓之前投资者的判断会相当不准确，当然，在明知不准确的情况下根据尝试性补仓之后的实际感觉（当然这个感觉也有可能是不对的，但是比没补仓时的判断要好不少）进行有计划的建仓才是明智的做法。

持有补仓否定论的都是些评论家或者因为没有补仓计划而导致投资失败的人，因为他们并不知道通过有计划的补仓也是很有必要的，因此只是一味地否定补仓。

【注】补仓是指股价变动之后以降低持股成本为目的的同方向增加仓位。补仓的绝大多数是“行情上涨过程当中分批卖出”或者“行情下跌过程当中分批买入”，这样理解会比较好。并且，在面向一般投资者写的教科书中在股价下跌并突破最低价之后的加仓叫作补仓，但是下跌中买入的开始是在行情下跌的途中，补仓时机过早，即使股价比

较便宜也会因为这种无计划的补仓而导致血本无归。并且，着手补仓之后对仓位的控制也有非常严格的规定。详细的案例请参考板垣著的《你也能够成为股票高手》中的“头寸的修正”一节。

三、三个注意事项

假设投资者持有某只股票1万股，并且处于账面盈利状态，应该如何将这些账面收益变为实际收益呢(针对在不进行反向操作的情况下止损清仓后续论述)？

根据“FAI俱乐部的投资方法”中的规则，“要在4天之内将仓位降低至建仓成本的95%以下，也就是出清5%以上建仓成交量对应的股票”，但是这个规则只适用于低价位股票，而且，根据教科书的内容(1982年时的教材)，这么做的正确概率只有30%。

如果换做林老师的话会怎么做呢？下面我们来看一下林老师的方法。

画一幅股票跌到底部之后反弹的折线图。当上涨波动到第3个月时请密切关注。如果没有下跌趋势出现的话请继续持有。当持有到第6个月(从第4个月时开始看)时再次注意股价的波动。至于要注意什么动向，从感觉上来讲每个投资者之间是有差异的，所以非常难，但是可以归结为以下内容：

(1)上涨时的力度会不断地缓和；

(2)这只股票在到达顶部过程当中的形态大体是有一定规律可循的；

(3)有可能会有一时的暴涨，但不会持续。

以上三点，如果把某只股票的长期(例如2~3年)的折线图画出来的话，就会明白。当然，这需要你找一张比较大的纸(1000mm×700mm)，要竖着用才能画出来，且每个月用比较细的铅笔把线画上(月末的日期与第2个月的月初之间要用20cm长的线画)，这要经过几个月才能完全理解。大体至少需要3个月到6个月，但并不一定，有时即使是3个月或者60天，但不一定是满60天，在这里数日子是没有用的。当然，这只股票会具备如下其中一个特点：

(1)是热门炒作的股票或者有炒作资金正在介入的股票；

(2)人气股票；

(3)证券公司作为主体股推介的股票；

(4)高价股票；

(5)二部股票，或者场外交易股票。

如果不具备上述特点的话，那么非常普通的股票也是可以的。到了大约第3个月，或者大约第6个月的时候，上涨的力度就会下降，请注意观察这个地方，但是如我在《对冲交易》中所写的，以最高的价格卖出的概率仅为一千五百万分之一，所以这里所说的高价并非指最高的价格的意思。当然，每个投资者都希望在行情进入下降之前卖出。所以，需要谨记并注意最前面的三项。然而，是否要分开卖出还是一次卖出要看当时的心情。

当我们说到心情的时候，会联系到容易被情绪和氛围影响的武断，况且即使是最高点，也并非说是神经质地看待。进一步来讲，说到分批操作，买入的时候建议分批操作，卖出的时候建议一次全部卖出。

例如买入1000股，那么我们可以分10次买入，或者按照如下股数分4批买入，比如按照—1、—2、—3、—4，或者—1、—2、—2、—5分开4次买入；而在卖出的时候，则按照1—、4—、5—，或者5—、5—卖出，卖出时的分割次数应少于买入的分割次数。

进一步来讲，在卖出的时候，当到达高价的时候也可以和其他股票一起卖出。

在其他人看来这是非常疯狂的举动。例如，即使我在1988年5月的连休结束后的第一个交易日将自己持有的约13万股全部卖出，而我在A证券公司的股票是在星期二，在B证券的股票是在周四，即使将保管的所有股票一起卖出(同一只股票在不同公司)，从结果上来说也是分批卖出的效果，并且，由于我在相同证券公司同时开设了多个账号，那么分批的效果就更明显了，最后这些股票竟然轻松卖出了。也就是说，虽然我们等待高价，但是不能到了最高价再卖，那个时候有可能就卖不出去了。

例如，以约3个月或者6个月为周期来观察，在这个周期当中虽然尽量追求更多的收益，但是要把资金的安全放在首位。和获利多少相比，资金的安全才是最优先要考虑的。然而，我在这里不厌其烦地说了一大堆，可能读者们会觉得我特别啰唆，这里会有一个问题，就是“那么不管有没有收益，什么时候卖出才是合适的呢?”虽然，投资者们都想在比较高的价位卖出，但是，如果等待时间过长的话，冲高回落再卖就不是那么容易了，这里一般的规则是获得收益之后的第二天就要伺机卖出。

【注】在日本每位投资者一年交易股票在20万股以上的时候，其交易记录会自动发送给税务所。几年之后，这个上限被下调到了12万股。这个上限一直持续到现在的综合分离课税、源泉分离课税。比如，在一家证券公司当中以林辉太郎(作者本人)、林明子(作者的妻子)、林哲(作者的儿子)三个人的名义开数个账户。现在，开名义账户已经被法律明文禁止了，并且，从2003年开始仅针对股票的分离课税开始实施了。

但是，不仅仅是现货的清仓，加上反向操作之后其操作方法就完全不同了，并且，新规卖出的情况也并非能和前面所说的那样“轻轻松松”地就卖出去。《波段交易法》中的反向操作的章节中，展示了从确保收益的反向操作(试探性建仓)开始，到反向操作完成以及一次性卖出为止的时机安排，但最终都转为谨慎地将手中的股票一次性卖出了。这种一次性卖出是从获利卖出到新规卖出的一个过程。我这边有一个新人认为卖空是一件非常恐怖的事情，他将卖出思考成比较特殊的行为，因为有一次他卖空了一只因为卖空清仓而异常上涨的股票遭致了巨大的损失，但是有卖空优良股票(波段操作)经验的人，特别是在这些股票上涨之后通过卖空的方式在下跌过程中获得收益的人会认为这个世界上竟然有这么好的赚钱机会。

当然，即使是清仓股，只要卖出的方法恰当的话，仍然能够获得较高的收益，但是卖空和卖出手头持有的股票相比要难很多，主要是因为这个过程中投资者的神经比较紧张。感觉清仓股票的卖空操作比较可怕的一般来讲是一种“对于大顶的恐怖”，大多是因为资金不足导致的恐怖，比如在资金方面已经全部投入到股市中，没有留出一定的余地。

虽然在有收益的时候一次性卖出最能确保收益，即使补仓也是在卖出确保收益之后再试探性补仓，但是若没有办法进一步卖出之后，就会陷入资金不足。另一方面，“还有这种赚钱方式”方面，并非热门股，由于是比较平稳的顶部变动，也就是卖出时机比较容易把握的变动的股票，即使不知道基本面(类似于思维定式)的材料和资讯，不，还是不知道这些更加容易操作，因此，虽然变成了“还有这种赚钱方式啊?”即使如此，和一次性卖出相比，分批卖出也更加有利。

由于是在顶部卖出，那么当然也可以预计到顶部的波动要比底部剧烈很多，从是否紧张简单困难角度来讲的话，卖出确实要比买入紧张很多，而且也要难很多。

读者看到这里或许会想“这个说明也太晦涩难懂了吧?”我之所以把这个问题说得这么难懂，是想让读者把“卖出是比较特殊”的思维定式去除掉。请在认同这一点的基础上慢慢地读下去。

我前面说过，卖出操作时投资者会感到“稍微有一些紧张”或者“稍微有点难”，那么与之相对的“买入就比较容易”，如果这么说的话，拙劣的必败型投资者在买入时会抱有一种“肯定会赚”“现在必须要买”的侥幸心理，在这种侥幸心理作祟的情况下就会大量买入，从而感觉比较容易，其实买入和卖出都像是在赌博一样，是实实在在的。因此，不管是买入还是卖出都应该感觉到紧张和比较难以下手才对，我这里所说的比较紧张和比较难是因为股价在高位变动的时候比较剧烈，因此等待时机的买入要比买入操作本身更让人紧张，执行起来更加难。那些拙劣的投资者不管是买入还是卖出时机都选择的过早，而清仓时机又过迟，这就是贪欲和焦虑在作祟，但是不管看什么图操作，从容不迫的状态对于交易才是最理想的状态。

在 FAI 俱乐部里，我们每天都张贴行情图，这些行情图都是月图，当某只股票被选定作为“买入股票”的时候，就会在接下来的 2~3 个月内寻求低价买入。

这能够让投资者从容不迫地操作，但是不仅限于 FAI 俱乐部内部张贴的行情图，不管是什么方式的、流派的买卖都是这样的。

买卖的原则中有一个就是：买入要从容不迫；卖出要趁早。

这里仅仅想强调并纠正前面所说的拙劣型投资者的做法，没有其他目的。买入太早，卖出太迟，因此我们的规则变成了市场操作的箴言。即使是每天和每月的走势图，不管是每天的 K 线图和收盘价的折线图还是 K 线图本身，请参考这些图思考卖空。

四、投机股专家的建议

首先，热门投机股的卖出方法(只是读者不会对热门股进行卖空操作，因此现在我写的是从板垣就职的基金经理事务所的人给我讲的内容)。所谓热门投机股主要是指炒作资金介入导致股价上涨的股票。我想除此之外应该不会有其他的所谓热门股了吧?

例如，从前的新东股票变成了平和房地产以及大阪的中外房地产等，这些发生了除业绩之外的比较大的变动的股票就是热门股，这样的股票会有炒作资金介入且股价变动表现出周期性，操作起来比那些没有炒作资金介入的股票反而会比较容易。所谓的有炒作资金介入的股票，例如，

旧诚备(加藤嵩)介入的兼松日产农林：

1992 年 8 月最低值 230 日元；

1996 年 5 月最高值 5210 日元。

由于西筋联合的买入操作而股价飙升的福助：

1986 年 10 月最低值 270 日元；

1991 年 8 月最高值 6380 日元。

就是这样的热门股。

仅仅观察这些当中比较特别的有炒作资金介入的股票的股价变动就可以发现，虽然股价飙涨，但是在上涨的途中会有几次“冲高回落”，那些冲高回落的地方会出现“上涨暂缓且下跌，又或者飙涨之后的急跌”。

当然，不管是哪一种形态，上涨都有所停止且看起来像形成了一

个顶部。因此，在这种时候，持有现货股票的投资者会选择卖出，同时还有一些想通过卖空来获得收益的投资者也会进行卖空操作，并且，炒作游资方面会套利出货，资金周转不畅的消息也会出来。但是，这种消息出来之后热门股的股价会再次上涨。这种冲高回落之后再次上涨的形态会在一个上涨周期中出现数次，在此之后认为股价仍然会上涨的投资者会大量出现，以至于股价会继续飙升。在此之后会变得谣言满天飞。紧接着，最高价位会被不断突破刷新。而那些因卖空操作而踩空的人会不甘心，而再次组织卖空攻势。成交量会急剧增加或者急剧减少。这都是对谣言和人气的扩大再生产。这种“冲高回落”和“再度飙涨”会连续反复数次，因此参与交易的投资者以及正要进场的投资者会变得徘徊迟疑，犹豫不决。由于大家都不确定股价何时到达顶部，卖空的投资者也在犹豫不决，各方势力都处于紧张状态。

但是，根据以往经验可以总结出如下规律：

炒作资金介入之后的冲高回落次数一般在 4 次，第 5 次(当然第 5 次也有可能是冲高回落)到达最高点的时候一般就是顶部了，实际上前面所说的福助或者兼松日产农林就是这样的，只不过福助最后一次上涨的幅度是最大的，而兼松日产农林的第 3 次和第 4 次的上涨幅度是最大的。

【注】这里的“5 阶段上涨论”是热门股专家所说的，我让俱乐部的会员去确认过了，他确认了 30 只有炒作游资介入的热门股，其中暴涨的股票当中分 5 个阶段上涨的一共有 16 只，占 50%以上。

可以说标准的 5 阶段上涨中，第 4 阶段后期是卖出的最好时机。这要从“常识性建仓”开始，并且，其中也有 6 阶段上涨、7 阶段上涨的股票，因此必须要十分注意。前面所说的我们俱乐部的会员确认的 30 只股票当中上涨阶段最多的那只股票分了 9 个阶段上涨(其中有 8 次冲高回落，第 9 次触底反弹之后达到了最高值)，当然也有分 2 个阶段上涨或者 3 个阶段上涨的股票。所以，结论是“要抱着这只股票有可能会分 9 个阶段上涨”的觉悟来操作，有了这个觉悟之后，再考虑资金，并在留有一定余力的基础上操作，当然和资金面的压力相比，心理面的压力会更大，由于恐惧上涨之后的大跌，尝试性建仓之后的一次性卖出中要让股价上涨到足够高的时候才能进行操作。

当然，大部分投资者会选择股票在价格到达顶部之后急速下跌的时候卖出，他们会说虽然股价到达顶部后下跌了，但是价格仍然比第 3 次上涨或者第 4 次上涨的时候高，这样难道不好吗？然而，很多人会有在下跌之前“卖出但是没有成交”的经验，或者在“到达顶部之后下跌的过程当中”，将尝试性建仓的部分和主仓的部分全部挂单了，但是不管怎样都无法成交。从股价越过顶部下跌之后看，不管股价下跌到上涨过程当中的哪一个阶段，要想成交都不得不挂出一个低一段的价格才行。

最后，当我们问到热门股的卖空成功的诀窍的时候，这些基金经理笑着进行了如下回答。

只要把炒作游资介入之后且股价急剧上涨的股票品种的图多画几个你就明白了。上涨幅度、上涨阶段什么的虽然每只股票会有所不同，但是从这些图来看都是大同小异。下一次再碰到这种形态的时候，就会做出八九不离十的判断。只不过，就像我作为热门股专业成功一样，买入也能获得收益，卖出也能获得收益，但是因为我们已经都事先就这种有炒作游资介入的股票做了大量的练习，画了大量的图，所以，我们能够在投资中立于不败之地也就是理所当然的了。

成交量吗？我们根本就不参考成交量这个指标。我们也不关注投资组合。

五、不管是现货股票卖出还是卖空

我们现在摘取 FAI 俱乐部的股票投资方法的规则中关于“卖出的规则”的部分来看一下。

⑱每个上涨阶段大约有100日元的涨幅。但是，如果只上涨70~80日元的话就立刻出手将收益做实。

㉗如果成交量超过总发行数量的5%的话，从当天算的第4天就卖出。

㉘不管是第1阶段的上涨还是第2阶段的上涨，如果其中出现了有上下线的阴线(或者有这个苗头的话)，就暂时先卖出做实收益。

㉙如果股价到达了10年高点或者更长期间内的再创新高的话，就要暂时先卖出做实收益。

㉚第3阶段上涨一般就到达顶部了。在第3阶段上涨之后卖出。第3阶段的上涨如果出现五连阳的话就卖出。

☆融资融券卖空的操作必须有3年或以上投资经验，并且只能操作资本金在300亿日元以上的股票(需要同时关注该股票的波段)。

上述有编号的规则都是针对现货股票的卖出清仓而言的，只有带“☆”的部分是针对卖空操作的附则。下面我们针对“卖空操作”进行阐述。

首先请读者阅读一下我从俱乐部会报的旧号中摘取的报道(1993年3月号“八年零八个月资产增值了8.3倍的账号及注意事项”)。由于仅仅是参考，我也把前后的文章一并引用(收录于“FAI俱乐部的股票投资法续讲(2)”)。虽然1987年是日经指数上涨且所有股票同时上涨的一年，但是证券公司分店中实际有投资活动的400人当中，能够获得收益的仅有我一个人，这显示了大众营业部对于股票投资是多么的不利。

如前所述，“不会收到公司方面的建议”“只要自己能脚踏实地地投资就行”等，只听到了这些不知道实际有多残酷的人的逞强的话。1987年末，在那家营业部的所有投资者当中，获得正收益的只有我一个人。营业部的负责人是这样告诉我的。

“林辉太郎有300万日元的收益，确认无疑。”

“有没有加上本金的1742万日元?”

“没有加本金，那是纯收益。”

“那么，这只是收益是吧？不愧是老师啊!”

从此之后，我就不得不面对一系列的骚扰了。当我在这家营业部挂出 1000 股买单的时候，营业部负责人就会给其他投资者打电话说“名人买入了，你要不要一起买入”，或者说“我们已经获得了内部机密消息，你要不要买入”等，有时会变着法儿说，最多的时候，能和我同步挂出 50 万股的买单。那时，我从 S 先生那里获悉了这件事情，对于营业部负责人的这种做法只能报以苦笑，这让我感到太尴尬了。

1988 年 5 月的连休过后，我将手头持有的股票全部清仓了。S 先生按照营业部负责人的吩咐来找我。

“老师难道您不想炒股了吗？请不要清仓啊！”

“并非不想炒股了，只是我感觉股市有点过热，想先退出来看看情况再说。想暂时让头脑冷静下来。”

“那么，告诉我您想买哪只股票吧？”

“虽然我已经将 K 证券公司账户上的股票全部清仓了，但是我在其他公司的账户上还有股票，我只是将股票持有到现在而已，和之前并没有什么不同。FAI 俱乐部里面，12 月将同和矿业加入到了关注股票列表当中，那是最后一只推荐股票，在此之后就没有新加入其他股票了。一只没有分红的股票的价格竟然到了 1000 日元，除了股市变得异常之外，我看不出别的。当然，也许是因为有人气的原因吧？有可能还会继续上涨，但是那个钱我是不想赚的。”

“那么，请您将在我们公司之外的持股列表给我看一下吧，这些股票还能继续买入是吧？”

“但是，有很多股票已经是第 3 阶段的上涨了哦。第 3 段上涨之后的下跌是非常恐怖的哦。”

“老师，别这么说，什么第 3 阶段的上涨，老早之前的这种不够专业的理论在电脑炒股的时代已经行不通了哦。现在是信用金融时代，银行根据客户的信用资质将资金借给投资者进行投资的时代已经到来了。”

“是吗？不管怎么样，我有我的做法啊！”

从那之后我大概一年零一个月都在休息，没有碰过股票。从 1989 年 6 月 26 日开始卖出新日铁。

不知道读者有没有注意后面的部分。

1988 年 5 月的连休过后，我将手头持有的股票全部清仓了。

从 1989 年 6 月 26 日开始卖出新日铁。

这两次操作都是 5 月的连休前后。不自然的股价 PKO 导致日经 225 平均股价指数不断上涨，一年当中的最高值或者触底反弹后会再创新高一般就发生在五六月前后。当然，个别股票的表现会有所不同，但大部分股票都是这样的。我们以《波段交易法》中的平成九年(1997 年)的走势图举例说明。

日轻金 5 月中旬到达最高值；

旭化成 4 月末 5 月连休前后到达最高值；

柯尼卡 5 月连休之后没多久就到达了最高值。

这就是所谓的反常的变动，也就是说某些时期股票整体的价格变动似乎“不受基本面的影响”，在日本这些反常的时期一般都有“年始年末效果”“5 月连休前后效果”等。所以，今年，也就是 1996 年 6 月股市从最高值开始下跌，个别股票会有所不同，1 月或者 3 月一般都是年中股价的最低点，在这个时间阶段买入，然后经过 3~6 个月，到 5 月的连休前后“不管什么情况都卖出”的话，一般都十拿九稳包赚不赔。

六、不能被理解的“反向操作”

“卖出”共分三种：①现货股票卖出；②卖空；③反向操作卖出。这三种当中的任何一种都是卖出操作。但是，就现货卖出而言，由于日本没有融资融券的交易，因此必然是将自己手头持有的现货股票卖出，而不能直接卖出手头没有的股票。

卖空与反向操作属于新规卖出，这些股票的平仓操作是“买回”已经卖出的相应数量的股票。因此，现货卖出和新规卖出是完全不同的。

卖空是确立卖出价格的操作，是介入行情的新规卖出操作(而现货卖出的清仓是从市场上撤退的操作)，反向操作是作为“买方”介入行情，而卖出的位置(价格)就变成了买入操作的保险价位。

读者应该都能明白这层含义，介入的点位(建仓)越复杂就越难获得收益。因此，如果不把反向操作作为一个策略，而只是因为目前手头持有的股票亏损了，作为穷极之策而双向建仓的话，只要投资者没有这个价位能盈利的把握，就会陷入“双向建仓双向亏损”或者“双向建仓地狱的入口”之类的，招致巨大的损失，并有可能走向毁灭的边缘。

虽然这是笑谈(也有可能不是，有些市场机构已经发生了这样的事情)，但是大藏省并不把反向操作当作一种对投资者的保险，成了世界证券史上的笑柄，这个愚蠢的行为就是在1990年股价暴跌的时候，将反向操作的卖出作为一种金融衍生品而禁止。

我也有亲身经历，农林水产省去某商品公司检查的时候，认为获取外汇利差的建仓是“买卖双向抵消”，因此命令公司方面提交书面检讨书，公司方面连续3天向农林水产省做了说明，但是农林水产省的官员仍然不明白，于是公司方面派人来我这里拿了《买卖双向建仓获取利差的教程》的复印版，以及购买了《外汇利差交易时代的到来》的小册子，并把最初的部分给农林水产省的官员读了，最终虽然没有提交书面检讨书就了事了，但是那些官员是否真正理解了呢？我们就不得而知了。

基于股票的对冲、套期保值，商品行情中的外汇套利交易，两者的共同特点就是反向卖出建仓(与手头持有的头寸相反方向的头寸)，从而最终获得收益的方法，这对于管理者和不学习的投资者来说，确实是难以理解的。

【注】在信用额度增加的计算中，客户向检验成绩的商品公司存入的保证金比较多，商品公司会建议这些客户进行双向建仓，可以对冲风险，增加收益。于是，存入的保证金就变为原来的2倍。之后，获得收益的头寸会被清仓，做实收益，并重新建仓，而陷入账面亏损的头寸会被一直持有，直至爆仓。为了防止这种情况的发生，相关部门会对劝客户双向建仓的恶劣营业部进行行政指导，并禁止了双向建仓操作。因此，比较正规的营业部中，即使有客户进行套利交易，由于建仓是双向的(即使这么说也有所不妥，因为这种建仓仅限一个月，

一个月内必须清仓)，因此当监管部门获悉这种情况之后，就会让这家营业部写检讨书。

《套期保值交易的实践》一书中，通过老牌证券交易员所说的“这是最赚钱的方法”的套期保值、川银藏先生的套期保值，以及作为东京海上日动保险大股东的山崎种二先生在20年里通过反向卖出操作(以压低持股成本为目的的操作)将持股成本降至-1200日元的反向卖出等阐述了反向操作的有利性，这种利用反向操作获利的方法在读这本书的时候是可以当场理解的。

但是，当进入实际操作的时候，原本理解的东西就变得不能让人理解了。这种无法理解，起初是不知道自己持有的股票到底是上涨获益还是下跌获益。接下来无法理解的是，反复进行套期保值操作到底是有利还是有害，在理解了这两点之后，接下来就和一般的交易一样了。

持续进行单纯的交易本身也是一件困难的事情，并且，在手头持有的股票陷入亏损时利用反向卖出的情况下，虽然可以将反向卖出头寸进行清仓，实现这部分收益，但是手头仍然持有陷入亏损的头寸，也就是说，投资者无法将反向卖出的头寸(套期保值头寸)和手头持有的头寸同时进行清仓。

与其说这是没有执行力的表现，还不如说投资者无法理解区分的方法。我举个例子大家就一下子明白了，请看下面的案例。

反向操作的有效性

1990年股市暴跌的时候，有个关西的城市的市议员来公司找我咨询来了。他手头有10万多股股票，处于亏损状态。我给他的建议是“让你开账户的证券公司帮你卖空你手持股份总数2~3倍的股票怎么样?”结果他就按照我说的做了。幸运的是，他执行完卖空操作之后，他所持有的那只股票价格继续下挫，而这个人由于意识到炒股是一件非常危险的事情，考虑退出了。当他的股票处于不亏不赚的状态时，他将卖出头寸(反向卖出部分)和买入头寸(原先持股部分)同时进行了清仓，之后就拿着礼物来看我了。

我把这个案例用比较简单的方法进行说明。用1000日元的价格买入一只股票之后(1000股)，股票价格下跌，在股票价格下跌到800日元的时候，卖空2000股(也就是反向卖出)。此后，股价一路下跌至600日元。到此，这笔交易就没有损失也没有盈利了。

为什么这么说呢？原先买入的现货1000股处于损失的状态，

(1000日元-600日元)×1000股=40万日元

反向卖出的头寸处于获利状态，

(800日元-600日元)×2000股=40万日元

这是对持有的同一只股票进行2倍量的反向卖出操作的情况，而这种操作也能够用于不同的股票、期货品种的交易。也就是说，在持有的股票品种比较多、量比较大的时候，反向卖出持有股票总金额的2倍数量的股票期货。

套利交易也可用于股票市场，

现货买入-期货卖出(套期保值)

或者卖空，

买入期货(反向操作用于期货的情况比较多)

或者在不同股票品种间操作，例如，

卖出A股票

买入B股票(其中一个是反向的操作)，

也就是说，卖出头寸与买入头寸同时进行，获取价格差。举个例子就能立刻明白。

首先，买入现货，卖出期货。

买入现货：买入日经225平均指数现货16000日元

卖出期货：等量卖出日经225平均指数期货16400日元

价格差+400日元，同值平仓的情况下，获利总额为400日元/股，如果差价100日元平仓的话，获利300日元/股。在这种情况下，不管股市上涨还是下跌，与亏损和收益唯一相关的就是平仓时的价格差。

例如，同值平仓时：

现货17000日元，获益1000日元

期货17000日元，亏损600日元

合计获得收益400日元。也就是说，买指数要比买股票本身方便，因为225只股票的平均(按照权重分配买入数量)的话，需要的资金量比较大，不是个人投资者能够具备的，因此，如果个人投资者操作的话，可以操作与225平均指数联动的50只股票或者20只股票。

可以说与225平均指数完全联动的50只股票组合的β值为1，那么比较少的20只股票品种组合的情况下，根据股票品种的不同β值会比较接近1。这是通过计算机计算来决定的，所以选择20只股票组合的时候，有时这个组合会变更，因此比较烦琐。

不同品种套期保值的情况下，比如主股票方式，设A为主股票，{B C D}为辅股票，那么，通过观察，[A-B]或者[B-A]、[A-C]或者[C-A]、[A-D]或者[D-A]的组合中任意组合的价格差的周期性变动来获得价格差的收益。例如，A与B组合的情况下，A股票的价格为500日元，B股票的价格为600日元，现在A、B股票的价格差为100日元，以3个月为周期观察的时候，会发现这两只股票的价格有时会相同，有时会相差100日元，在价格差为100日元的时候，买入A股票，卖出B股票(卖空操作、套期保值交易)，在价格差缩小的时候，将两只股票一起平仓，作为一个阶段的操作。

通常来看，所谓的单只股票操作的3个月周期只是大约的将3个月划为一个周期，有时这个周期是2个月，有时是4个月，根据股票品种的不同而有所不同，所以这里需要投资者能够看清这个周期，并在操作过程中对仓位进行调节，因此有抱怨这个过程烦琐和麻烦的投资者，同时也出现了不同股票间的套期保值交易的专家(例如《股票套利教室》的作者栗山浩先生)。

那么，我们返回到反向交易的正题。前面所说的山种的东京海上的成本策略是反向操作的典型，通过反向操作就能使持股成本下降，而对冲基金甚至通过期权也就是金融衍生品来赚取收益。

山种作为东京海上的大股东的20年间通过数十次的反向操作赚取的收益极大压低了手头持有的该只股票的成本(买入价格)。东京海上在20年间的最高价约为1000日元，最低价约为300日元。股价在此区间往复。当然，最高价并不总是能到1000日元，有时也仅仅上涨到700日元或者800日元就冲高回落了。例如，从涨到500日元开始就随着股价的持续上涨分批卖出。单位也比较大，以 10 万为一个单位，虽然卖出了数百万股，但是即使股价越过顶部进入下跌行情，也仍然卖出。在认为比较稳妥的点位一点一点地清仓。当股价下跌到最低价时，停止卖出，进入操作空白期。

在《反向交易的实践》一书的第 256 页中定义的能够成为“反向操作专家”的人是指“能够独当一面，并至少有一次将自己的持股成本降为零，从容不迫地取得最终的成功的人”，其中：①将成本从买入价格降低到 0 的实践最早为 1 年多，最晚为 2 年以上；②书中所写的内容仅限于操作与手中持有的现货股票为同一只的股票（小规模操作），而山种方面的规模和实践都是比较长的。在《小豆行情的基础》一书中写道：“我在山崎证券的社长室里与山种先生谈话的时候，社长室中张贴着小豆的日 K 线、第一代 K 线以及东京海上的 K 线图，而在我印象里证券公司的社长室里面一般只有一只股票的 K 线图。”

七、提升卖出的重要性

在美国，银行持有企业的股票在法律上被禁止。因为股票的价格是在不断变动的，而如果银行以储蓄客户的银行存款（对银行来说是负债）买入股票的话，风险太高。在日本，看一下“4 季报”或是“企业信息”就明白了，银行无一例外地作为每家企业的大股东被登记在大股东名录当中，并且，说到“相互持股”，银行还与大企业之间相互持有股票。这就是为什么日本企业集团（系列）的核心必然有银行的影子存在的原因。例如，三井集团—樱花银行、三菱集团—东京三菱银行、芙蓉集团—富士银行。

在德国，虽然银行持有企业的股票没有被禁止，但是在日本却是非常独特的存在。此外，即便是生命保险公司或者是损害保险公司也通过会计科目中投资有价证券勘定显示自己持有的客户公司的股票（完全作为投资有价证券持有股票的是投资信托公司，这种公司完全以投资效率优先作为是否持有股票的评判标准）。还有一种作为同一种运用资金的方式但却拥有完全不同的组织结构的机构就是农协(单协、县联、农林中金)。

进一步来讲，还有作为国家机构的国营(国民)年金、年金基金、简易保险、邮政储蓄等。这些所有的投资机构在市场上和一些纯粹的投资机构一起被称为机构投资家，也就是作为基金的基金经理担任资金运作的职位。

【注】相互持股能够对集团企业合作的强化、营业能力的提升带来好处，但是也有副作用，比如企业的效率会变低，对相互持股的部分注水导致这部分股份的市盈率居高不下。

此外，让人惊讶的事情是，这些股票中只有极少一部分作为保险进行了套期保值操作。因此，日经225平均股价指数的涨跌在一定程度上能反映账面收益为零的水平，因为大家都没有进行以压低持股成本为目的的反向操作。也就是说，日本大部分的基金都难以应对下跌行情。

为什么这些基金不对自己持有的有价证券进行保险呢？极端来讲，这不能不说和我们之前讲到的官员一样是不学习、无知导致的。

从今以后的Big Bang(金融大改革)中恐怕全部都会变得不一样了。这是因为到目前为止的日本的基金经理都是打工仔，只不过是因为部署转换而偶然出现在了基金管理的部门而已，还没有成为一个专门职位。

在日本，基金经理的成绩(能力)并非对每只基金进行业绩考评然后公布出来的，因此虽然冠以基金经理的名义，但是并没有诸如索罗斯的基金那样的机构存在，从现在开始基金经理的存在将会受到极大的重视，因此接下来也会出现被称为对冲基金的能够进行卖空的机构。

那么，我们作为个人投资者，应该考虑的是在接下来的金融大改革中将会变得怎样呢？时代会从和江户时代那种闭关锁国完全相同的状态急剧地和世界标准接轨(默认标准)，从1998年4月1日的汇率自由化开始我们进入了之前从未经历过的无法想象的新时代，并且在现在的日本，即使只看金融业界，除了明文的规定之外，据说还没有明文的行政指导等规定要比这些明文的规定至少多10倍以上，即使明文的规定被废除了，那些没有明文的法规也不会废除，至少相当一部分会留下来，从而必然导致较大的混乱，为了在这种局势中生存下去，作为个人投资者必须不断勤勉地学习。

啰里啰唆地说了这么多，说到默认标准简单地作为市场组织(制度)，在日本主要是指交易的点位，比如，现货的买入、融资融券买入、融资融券卖出，就只有这三种形式，现在由于融券市场的不断完善，目前可操作的方式为四种，现货的买入、现货的卖出、融资融券买入、融资融券卖出。这和在期权市场，看多的买入、看多的卖出、看空的买入、看空的卖出等四种形式是完全相同的。也就是说，卖出的重要性有了一个质的飞跃。

八、大藏省的误解

1998年1月6日，大藏省的三塚大藏大臣发布了股价对策法规《强化股票卖空操作的规制》。1998年1月6日《日本经济新闻》的夕刊用整整一版登载了这则新闻，主要有如下项目。

股票市场对策的主要框架：

(1)该法规以强化卖空规制为目的，同时适用于融资融券业务；

(2)证券监视委员会将对通过“虚假消息”等手段操纵市场的行为进行调查；

(3)强化对东京证券交易所交易的股票中股价变动比较大的股票进行集中审查；

(4)提升证券公司违反该法令的处罚金额；

(5)将东京证券交易所、日本证券协会下单时的自有交易、委托交易进行制度化区分。

就连偏向于政府的《日本证券新闻》也提出了“对该规制的质疑的声音”。下面摘出该评论的前半部分(全文大约一半的篇幅)。原文如下。

“怎样变革?”——卖空法规强化

以强化卖空规制为主要目的，大藏省在6日发布了安定股票市场的政策。但是，首先在哪里怎样强化卖空操作？按照证券交易法的规定，在没有持有股票而卖出的所谓卖空操作中，在挂单的时候证券公司有公示这些订单的义务，除此之外，不能以低于时价的价格挂出卖空单。虽说如此，大藏省的法令对在通常的融资融券业务当中的卖空操作规定为“不适用”，也就是说，这个法规管了不该管的，却没管该管的。

本次法规的调整，对个人投资者利用融资融券进行卖空操作方面完全没有影响。也就是说，针对现货股票交易的从海外市场和机构投资者到股票证券购买的所谓的融资融券方面的卖空操作，本次调整后的法规对其金额及其他等方面全面适用。

“效果如何……”——外国人对这个法规唯恐避之而不及。也就是说，按照大藏省以往的解释，“通过融资融券卖空已经被禁止了”。即使不受法规制约的交易，国家也已经不认可了。而东京证券交易所以及日本证券协会等机构均统一口径地表示“完全无法把握实际情况”，但是股票市场的交易总额是融资融券交易中卖空余额的数倍，这其实就是已经“把握情况”的证明了。只不过，实际上如何在营业现场区分流入证券公司的股票证券的容日融券卖出和现货股票的卖出才是制度运用上存在的现实问题。

进一步来讲，外国投资者如何看待因为对融资融券交易的卖空实施了管制的法规以及会做出什么样的反应，是另外一个更为重要的问题。

关于卖空法规，只不过是“画饼充饥”的手法，不能不承认的是，这项法规对于厌恶监管的外国投资者来讲，反而留下了“当局的见风使舵主义”的坏印象。

在此之前，1997年12月7日《日经新闻》的Sunday NIKKEI的第11页的卖空部分(部分摘要，请注意引用的结尾部分)。

一波未平一波又起的股票市场。与因总行情疲弱而叫苦不迭的日本投资家相对应的，在美国，在低价位时介入而此时获得高额收益的“百万富翁”不断诞生。这些成功的案例有不断催生出新的投资欲望，市场的厚度不断增加。“市场不相信眼泪”。将“让资产增值是自己的责任”这一基本规则彻底实施的美国是日本投资者需要学习的对象。

在这几年当中，被称为“401k 计划”的年金操作形式受到了美国大众的追捧，所谓 401k 计划是指从企业就职的员工的工资当中拿出一部分，企业方面拿出一部分组成的年金组合。加入者可以根据自己的判断将这个年金委托给具有专业运作资质的股票投资信托公司。由于退休后的生活水平与股票市场的投资运作结果息息相关，因此美国人每天像谈论天气一样谈论股票市场，股市成了美国人生活当中必聊的话题。这和西部开发时代的“枪”、20 世纪后半期的“汽车”一样，“股票”变成了美国民众生活中的必需品。

“除了个人消费之外，美国经济已经完全和股价关联上了”(著名经济学家亨利·卡夫曼先生)，美国的“股票社会”到来了。然而，就像枪和汽车因为操作的目的会伤害到人一样，如果股票投资失败的话，也会带来危险。

因此，和日本有本质不同，针对这个风险，美国实施了个人负责制的原则，这个原则渗透到股票投资的方方面面。一桥大学的伊藤邦雄教授强调：“与还没有将储户和投资者的本质区别完全弄清楚的日本不同，在美国，从小学生时就开始教授股票市场的知识，将自己负责的原则灌注到每个人的骨髓中。而在日本，老师教育孩子们的是卖空和金融衍生品就想赌博一样，而美国则把投资金融衍生品当作正当的行为来评价。”

前面所说的，“日本的市场制度建设的落后，就像在亚马逊原始森林中仍然裸体生活的土著一样”，市场中如果没有卖空机制来平衡的话，股价将会如何变动呢？我们来举一个实际例子。

日本大米的期货交易在 1650 年前后就有了，堂岛大米会所于元禄十年(1697 年)开始营业。在美国，卖空的理论由雅各布·利特尔(Jacob Little)在 1805 年发现并发表的，虽然刚开始的时候被人们认为是欺诈手法，但是还没到半年的时间，很多学者就论证了这个理论的合理性，市场相关部门也将这个理论制度化并着手实施了。正如我们之前所说的，从能够卖空开始，股市的极端上下波动现象就会得到纠正。正是因为有了卖空之后的买回，股价能够从极端下跌中摆脱出来，并且有了下跌的支撑点位。

现在即使在日本，卖空仍然在农产品的期货市场交易，如大豆、小豆中频繁应用，股价的上涨下跌就会变得平缓，而最低价也不会跌破制造成本，而没有卖空机制的花生、干葫芦、魔芋等现货期货交易中，由于不能执行卖空操作(根据交易金额和数量到期交付产品的交易类型)，上涨下跌的整个过程基本不会出现涨跌的转换，那种没有涨跌转换的价格走势图，我看了之后都大吃一惊。也就是说，这些品种会出现极端的最高价和最低价，现货期货交易中(采用竞买竞卖的模式，和股票市场中的买卖双方的成交不太一样)，会出现由于频繁的交割导致了无法交割的情况发生，从而导致现货市场一片混乱。

九、通缩的恐怖之处

我在《波段交易法》当中描述了我教我两个女儿如何“卖出”的事情，那是她们有生以来第一次进行股票交易，并获得了收益。我这两个女儿的操作方法都是最单纯的买卖形式，也就是基本的买入、卖出操作，虽然这仅仅是最基础的操作中的一部分，但是只要勤勉学习，驾轻就熟，并采用正确的方法和顺序就可以获得收益。

关于这一点，木佐森吉太郎在其著作《股票交易实践与提高》的第270页有介绍。更有意思的介绍请参考德国投资大师——安德烈·科斯托兰尼(André Kostolany)的《大投机家》的第82页。木佐森吉太郎《股票交易实践与提高》的第270页内容如下：

因此，应对正如“斯大林暴跌”一样的大暴跌行情之道，如果能够感知到行情的动向和市场的人气度的话，就能够尽早对自己的行情观念进行变革，将目标价位从关注最高价 180°大转变，切换成关注最低价，将自己介入市场建仓的起始点位重新设定为目标最低价来调整卖出策略。并且，一旦到达最高点，即便从市场当中看不到恐慌的状态，也一定要遵循绝对不能在这种状态下再买入或者是调整建仓的铁律，这个时候市场已经不按照资讯题材调整了，而是一味地放量下跌，不断刷新最低价，当你脑海中闪现出这个画面的时候，就不能多想了，必须果断地一秒钟都不耽误地把手中所有的股票一股脑儿卖出。

读者朋友们如果看一下东京海上和平和房地产暴跌时的 K 线图的话，就会明白为什么这就是应对暴跌格局最好的方法了。安德烈·科斯托兰尼《大投机家》第 82 页内容如下：

通货紧缩

证券市场的连续暴跌使得购买力停滞不前。贷款购买汽车、收音机、电冰箱等商品的首要依据是华尔街的景气程度。即使是最谦虚谨慎的交易员，如果认为在证券交易所交易股票能够获利的话，就不会出手为自己添置新东西。然而，现在这一切都结束了。此后通缩危机会从消费部门扩散到生产部门。自由自在地生活，人们那种享受生活的心绪，也会在危机中烟消云散，曾经过着奢华生活的人们获得的只是无尽的悔恨。作为再现这个黑暗时代的氛围的通缩带来的痛苦不堪的回忆也会成为人们茶余饭后的谈资。

投机者一个人的时候，会去华尔街的餐厅吃饭，但是他们只是点一份牡蛎、浓汤和牛排，然后拿出随身携带的蛋糕和咖啡。这个在用撬棒打开牡蛎壳的过程当中也表现得心神不定的投机者，面带难堪之色，就像股票市场的行情板一样。

“把这份牡蛎给我取消掉吧！”他看到服务员走回来之后嚷道。第二次，仍然能够从他的脸色上窥探出行情不够理想，他又对服务员嚷嚷了起来。“把这份浓汤也给我取消了吧！”接下来，行情继续下挫，他的表情越来越难堪了。“哎，把这份牛排也给我取消掉吧！”他按照顺序取消掉了自己点的所有食物，只把自己带的蛋糕和咖啡吃了。除了这份蛋糕和咖啡，已经身无分文的投机者要了一杯水，吃了十几片阿司匹林，然后把男服务生叫了过来。

摩天大楼尽显满目萧索如落叶凋零。300米高的克莱斯勒大楼窗明几净没有一丝污垢。钢筋混凝土和玻璃组成的现代建筑是昔日繁华的象征，但繁华的时代已经一去不返。跳楼自杀者的数量每天都在增加。纽约的某家酒店当中，订了一间景色非常好的位于顶层的套房的意大利人被问到了如下问题：

“您是想住宿吗？还是想从那个房间跳下去？”

热心于统计学的美国人，将这个悲惨的结局用数字表现了出来。

“原先在华尔街叱咤风云、乘坐凯迪拉克的投机者中，大约有123884人现在不得不徒步回家了。”

“与围绕在身边的靓丽女情人分手，而不得不回到了糟糠之妻身边的投机者数量为179397人。”

“到目前为止一直乘车上班的人们现在不得不坐地铁了，造币局因此新铸了111835248枚镍币投入使用。”

社会层级的秩序变得空前混乱。昨天还是百万富翁的人，现在已经跑到街角卖苹果去了。移民们除了乡音未改，已经失去了一切。

	1929年	1931年
收音机公司(电子)	115	3.5
纽约中央铁道公司(铁路)	256	5
克莱斯勒(汽车)	135	5
通用汽车(汽车)	92	1¼
通用电气(电子电器类)	220	20
蒙哥马利世界(百货店)	70	3
联合钢铁(制钢)	373	22

注：单位：美元。

连续不断地，工厂停止生产，几百万失业者流落街头，政府的救济也变得软弱无力。通缩危机的程度每天都在加深，已经让全美国窒息了。地平线上看不到一丝希望的光芒。政治家、演员、电影制片人、(比较知名的)预言家都在到处宣讲这个噩梦马上就会结束了，但是仍然徒劳无功。暴跌的惨烈程度，可以通过数字来测量。

1923年富兰克林·德拉诺·罗斯福入主白宫，这次美国总统的选举，正是在这个黑暗年代的疾风骇浪中举行的。他担负了未来的重担，并承担起了美利坚合众国的救济重任，因此罗斯福政权就始于这次大恐慌导致的最坏的时刻。大恐慌开始的标志性事件是密歇根州银行关闭营业窗口。以此为开端，美国47个州(当时美国国旗上的星星的数量为48个，即当时美国有48个州)的银行一齐停止营业了。华尔街能再一次回到沐浴在阳光的时代吗？每个人用疑惑的目光眺望着，议会通过了将美元一次性贬值40%的新通货法案，于是银行相继开门营业了。这次大恐慌造成的后果远不止货币贬值那么简单。

这是一次社会的革命，是波及经济、财政、社会等各个方面的革命的开始。

这次大恐慌改变了病入膏肓的美利坚合众国的社会构造，但从结局上来看，大恐慌的终点却又是通往下一次社会经济繁荣昌盛的起点。

第四章

卖出的世界

一、基于预期卖出以及基于现实买入的情况

之前，我们已经讲过了市场参与者的构成一般是“买入方＝基于预期买入”、“卖出方＝基于现实卖出”这两个方面。那么，基于预期卖出有没有基于现实情况买入的呢？答案是肯定的。下面我们来稍微看一下对比走势图就明白了。

图 4–1 和图 4–2 是两幅股市走势图，图 4–1 所示为美国大恐慌时期的走势图（1916—1944 年，股价的大顶为 1929 年），图 4–2 所示为日本 1973 年至 1998 年 3 月的股价走势图（股市的大顶为 1989 年），我们只要稍微看一下这两幅图就能明白了。

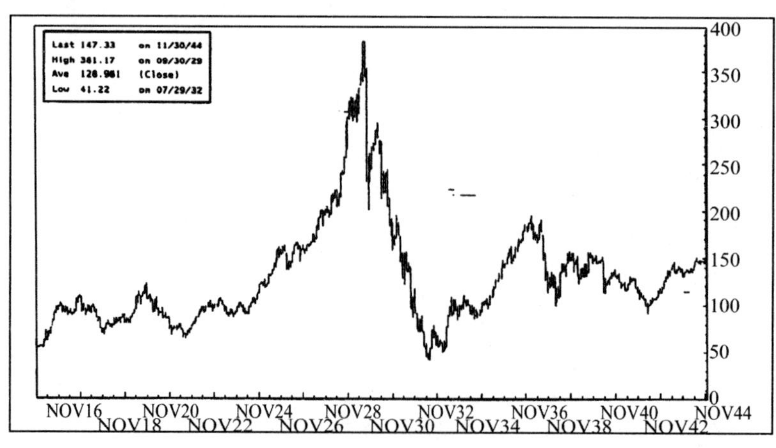

图 4–1　美国大恐慌时期走势图

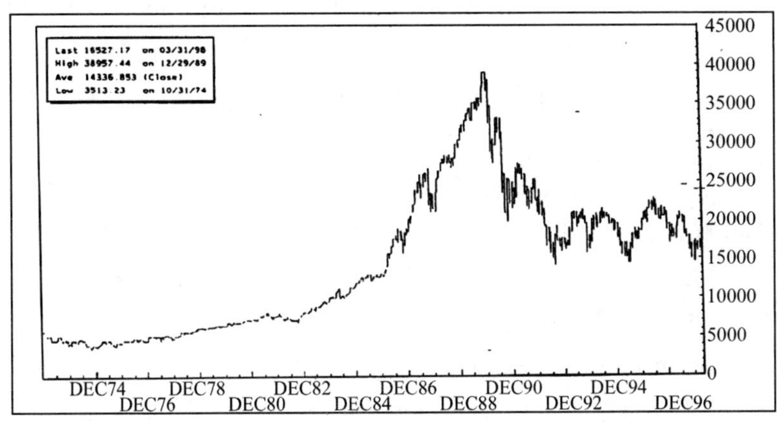

图 4-2　日本泡沫破灭时期走势图

(1)美国股市走势呈现断崖式下跌状态，之后的超跌反弹是对之前过度下跌的修正。

(2)而日本股市在下跌途中就停了下来，之后出现了几个反复的涨跌。

对比这两幅图可以看出，由于日本从 1992 年 8 月开始实施股价维持政策(PKO)，因此没有出现美国大恐慌式的断崖式过度下跌，但是其下跌的过程在时间上被向后延长了，因此对于 1989 年的大顶来讲，就无法预测大底在哪里了，难道不是吗？

当然，我们对比这两图只是来让大家从感觉上容易理解，而不是一个严密的论证过程。但是，就美国股市的“过度下跌的修正”(1932—1934 年)来讲，其实，截至 1923 年为止的较大的下跌途中都存在“过度下跌”，这是一个从“基于预期卖出”(融资融券卖空)的过程，也是一个“基于现实买入”(买入赎回)的过程。全球最大规模汽车制造商 GM 的股价下跌幅度也超过了一半，这就充分说明了股市下跌过度，这就是一个基于预期卖出(卖空)的过程。如果这么说的话，在日本恐怕就会被反驳。例如，KABUTO DECOM Inc.（度假村开发公司)在泡沫时期的股价从最高值的 41400 日元(1990 年)跌到了 6 日元(1997 年)，而现在(1998 年的 5 月)的股价为 13 日元。这难道不是过度下跌之后的超跌反弹吗？

此外，索尼公司的股价从泡沫时期的最高值 9600 日元(1989 年)下跌到了 3730 日元(1996 年)，这是一个基于预期的卖出过程，之后在 1999 年 7 月上涨到了 15680 日元，这是一个基于现实的买入过程。

我能够举出很多这样的例子。当然，虽然我认为这些例子能够说明问题(KABUTO DECOM 的例子因为是发生在了差点儿破产的时候，因此有点极端)，如前项所述，1989 年的世纪大顶应对的大底却没有形成，至少我是这样认为的。

其判断理由是，目前每月东京证券交易所一部交易的股票品种中，低价位股票有 600 种，将这些股票的月 K 线画出来之后可以看到，虽然有很多股票品种已经进入了筑底的阶段，但是从整体的股价走势图上来看，还在下跌途中。

二、一个人也可以生存

商品市场的交易对象是实物，因此会有制造成本。所以，下跌的底线一般是制造成本，商品现货和期货的价格一般不会跌破这个成本价格。

当然，如果没有“交易剩余部分没有价值”这个前提的话，价格还是会跌破成本的。那是因为，如果是谷物交易的话，新粮收获的时候，市场内还存在上年的或者之前的粮食，而且这些粮食仍然有使用价值，可以用来交易的话，那么市场上的粮食供给就会大于需求，价格就会跌破成本价，但归根结底这只是特殊的情况，只存在于一定的条件之下，而只要这些存储的粮食不腐坏烂掉，还有使用价值的话，这种跌破成本价的情形就有可能出现，但是即使跌破成本价，也不会太离谱，毕竟供需双方都会去平衡市场。

此外，因为交易的是实物，所以通过囤积居奇做市的方式造成市场供应不足且极具人气的表象，从而也可以推高商品价格，但是也不会高得离谱。

实际上，商品价格本身是由实体价格+人气价格组成的，也就是说，商品的价格一直会上涨到“需求为零的价格”为止。即使从理论上讲是这样的，但是这个“需求为零的价格”至少在历史上还没发生过。从这个方面来讲，股票价格的上涨和下跌的反应会相对激烈和过度，也就顺理成章了。

股价的上涨实际上是在实际价值(现在价格+公司成长评估价格)的基础上加入了人气价格(这样说感觉有点怪，但是这个人气费用是无法计量数值化的。虽然从理论上是可以估算的，但是根据计算方法的不同，结果会有所不同)，这个实际价值和人气价格的合计值其实就是股票的交易价格。也就是说，交易价格实际上总会包含人气价格。

【注】前面所说的是上涨的情况，由于超跌的情况下，人气其实是悲观的(负值)，因此股价会下跌。比如，假设公司陷入过度负债的话，就会导致市场上对该公司的股票持有悲观人气，导致这家公司的股价下跌，最低股价为 1 日元。例如，东食从 500 日元的价格开始，山一的价格从 200 日元开始下跌到了 1 日元，因为这些公司由于过度负债导致净资产为负值，但是股价并没有变为负值。

也就是说，就算在进入破产重组之前市场仍然会为这家公司的股票价格附上人气价格。不管是在股票市场还是在商品市场，价格总是由实际价值(现在价格+公司成长评估价格)+人气价格两者组成，就这个人气价格来说，股价中包含的人气价格要大于商品的价格中包含的人气价格。所谓实质价值是指，例如，股票 1 股中的纯资产部分虽然会根据公司的业绩每天变动，但是根据上市公司的每个季度的财务公示信息，可以大致计算出每股股票中所含有的公司净资产的值是多少，也就是说这个实质价值是可以计算的，而人气价格则完全由市场说了算，且每时每刻都在变化，而且这个值一般都是正值。因此，也就是说，比较特别的人气不断增加(人气价格为正值且不断增加)的时期和特别的悲观人气不断蔓延的时期(人气价格为负值)，除了这些“特别的时期”之外，“卖出有利”的假设总是成立的。

《从入门到大师的列传》这本书一共有 10 个高手，其中除了第 10 章说的是多个人的事情之外，前9章都只讲一个行情专家的事情，其中第6章“擅长卖出的风流人物”、第9章“住在深山中的卖出专家”，也就是全书的2/9的篇幅都在谈论“卖出”这个话题。

《行情分析师》中有一节提到了一位失明的行情专家的话，我听说他甚至在战后资本过少的时代的票面增资时仍然举行“增资卖出”（与当时的主流资讯是“增资买入”相反）的讲座，也就是说他完全和当时的新闻论调、评论家的解说，以及证券公司的宣传唱对台戏，而现在如果一家企业再按照时价发行股票的话，将会是怎样一番景象呢？

总而言之，他是一个少数派这个事情是板上钉钉的了。此外，《行情分析师》中的“所谓的卖出操作”这一章中，商社的交易员将股票的交易作为工作来做，股票交易对他们来说只不过是工作的一部分，他们交易股票方法论中主要关注的是“建仓的成本点位”，并且该书中的同一章节，秋山素男先生说了下面一段话：

即便投资者想定期卖出对冲风险，然而，如果没有人想买的话，也是卖不出去的。因此，证券商品交易所诞生了，从而产生了交易员（证券·商品公司）这一职业，这些交易员成了维持市场局势的人，他们通过操纵大量的股票，来中和大型商社和资深投资者的交易，维持市场的均衡并使市场局面避免陷入崩盘。因此，大众投资者如果不买入股票的话，这些交易员就不能完成自己的使命。如果让他们也卖出的话，就不能形成一个具体的上涨或者下跌的行情了。这是一个非常单纯的机制。而且商社的人也不简单，他们不管人气价格这部分是多少，统统执行卖出操作，这也是他们的使命。

如果一般的大众投资者阅读了我写的引用了上述言论的几篇文章的话，会感觉到比较别扭，因为这是作为业务的交易，（是和大众投资者有所不同的）专业人士的资金运作方式。因此，这里会牵涉到一个问题，作为业务的交易和一般投资者的交易，有哪些不同呢？

此外，炒股老手的交易当中为什么都是卖出操作呢？我已经说过很多次了，但是仍然难以理解。因此，一部分专业人士在和一般投资者对话的时候会有一种对牛弹琴、话不投机半句多的感觉。像我这样做了 20 多年的营业员，每天和大众投资者接触（现在也是这样），只要稍微和他们说上几句话，就能够了解这个人的水平和学习的程度，当我了解了这个人的水平之后，我就会按照他的水平说他能听懂的话，有时候即使我的说明非常简单，这些投资者也不能理解，这个时候我就会有一种好累的感觉。虽说如此，我也不能对这些投资者说一些失礼的话，只能顺着他们，久而久之，压力就会不断积累。

在《波段交易法》这本书中，有一段这样的描述，有个亏损了数亿日元的大众投资者来我家拜访我，见到我就说“我学习的比老师您还勤奋啊！”而且我说什么他都持反对意见，就这样我们聊了 3 个小时，我实在是忍无可忍了，于是对他说“我们今天就聊到这里吧！”此外，他作为一家之主，完全没有意识到自己担负的家庭资产管理的责任，明明是被证券公司给宰了，还在那里帮证券公司数钱，我真不知道说什么好了，但是我一般不对投资者说这样不礼貌的话，我一般都会忍着。因此，如果遇到能够理解我说的话，而且交易方面也变得娴熟的投资者，我会非常高兴。

即使我在做营业员期间，这家营业部类似于卖邮票的工作，必须要从客户身上挣钱。因此营业员自己也必须投资，否则会被认为是忽悠。因此，只要营业员自己也投资股票了，就不会感觉到自己被周围孤立了。

然而，来我的公司或者我家玩顺便拜访我的专业人士，这些人平时都不和一般投资者接触，由于他们比较孤独所以会来找我聊天，或者我们一起去参加股票交易的演讲会，有时候也会在商业街的广场举行投资说明会，然后叫上一些在证券公司工作的人，听听他们都有什么想法，和我平时接触的环境是完全不同的。这个内容，我在《关于如何让技术精进的探讨》中提到过。我曾经和基金经理们一起共事，但只有我是做小豆的行情分析师，例如，“只要休息充分就能做到不亏损”或者“获利之人必懂‘舍得’”等，我会将很多晦涩难懂的理论用简单的一句话来概括总结，做到将这些特殊的说法用完全不别扭的语言进行表述，但是这样的话，我就显得和周围人的氛围不协调了，就有了被孤立的风险。

例如，有一次我在一家叫作“夏先生”的24小时营业的店铺里就遭到了入门投资者的白眼。但是，并不是说专业人士如何认为入门投资者有多愚蠢，也不是在热情地接待入门投资者的过程当中给人以一种如何“清高”的印象，而是觉得这些入门投资者表现出了“即使一个人也能生存下去”这一强烈的意识。那时有个投资者正好在我和另外两个专业人士聚会的时候来拜访我，他也加入了进来，聊完之后他问我“你们到底在聊些什么”，也就是说他当时完全不懂我们在聊些什么。由于我们当时在聊“卖出”这一话题，因此可以认为，他完全不懂“卖出”。

三、在大盘下跌时跑输大盘

现在我们来举个例子说明与卖出相反的买入(持有现货股票)是多么不利。只是，与其说这是一个例子，不如说这个例子概括了一个侧面。

平均股价：225平均指数下跌8.2%；单纯平均价格下跌15.1%，而有价证券账面盈利却减少了30%，这是为什么？这是因为这个数值不仅包含了上市公司一部，也包含了二部和店头交易股票，以及按照市场价购入股票，从而能够明确包含套期保值的卖出的重要性。

根据《日本经济新闻》(1998年7月4日)的报道，有价证券的账面盈利减少了3成，1997年3月期的上市公司账面亏损排名，根据《日本经济新闻》社的调查显示，排在前9位的企业都是因为银行股票行情的地皮导致了上市企业有价证券的账面盈利大幅减少。3月期发布决算报告的企业的1998年3月期末的账面盈利为359920亿日元，比一年前减少了156545亿日元(30%)(表4-1，表4-2)，计算对象企业为每年的3月份发布有价证券报告的1965家上市公司。

表 4-1　1998 年 3 月期末的有价证券账面盈利排名(单位：亿元)

账面盈利			账面亏损		
公司名称	1998 年 3 月末	1997 年 3 月末	公司名称	1998 年 3 月末	1997 年 3 月末
东京海上火灾保险	17373	19797	日本长期信用银行	▲2471	867
东京三菱银行	14342	17214	富士银行	▲2294	3532
丰田汽车	13314	16114	安田信托银行	▲2137	▲302
三菱重工	5736	7928	大和银行	▲2128	1198
住友海上火灾保险	5731	6620	日本债券信用银行	▲1842	349
安田火灾海上保险	5439	7242	中央信托银行	▲1170	258
日本兴业银行	4794	8673	北陆银行	▲529	268
三菱信托银行	4400	6752	樱花银行	▲259	7849
新日本制铁	3954	6054	足利银行	▲244	512
第一劝业银行	3690	7688	日棉	▲209	9

1990 年开始暴跌的时候，银行和企业基本上都没有进行反向交易。但是，大家逐渐认识到了反向交易的重要性，一部分银行和生命保险公司开始尝试反向交易。当然，这种反向交易只是针对个别股票以及期货的。

表 4-2　1997—1998 年的平均股价

	日经 225 平均	单纯平均
1997 年 3 月末	18003. 40 日元	732. 53 日元
1998 年 3 月末	16527. 17 日元	621. 25 日元
	▲8. 2%	▲15. 1%

因此，比较醒目的是有逆隔夜拆借利息(融资融券卖空超过自身持有的同种类股票时就会产生逆隔夜拆借利息)的股票品种比较多。我在 FAI 俱乐部会刊中也提到过，截至 1998 年 7 月 8 日，这样的股票一共有 230 只。东京证券交易所一部上市交易的 1332 只股票当中能够融资融券卖出的股票一共有 980 只，而其中的 1/4 已经有逆隔夜拆借利息的记录了。

当然，由于银行持有大量的现货股票，所以可以提供股票(缴纳保证金)供客户进行卖空。如果大家都在卖空，卖空量超过银行持有的股票数量，那么银行将无法提供现货股票供客户卖出(反向操作过程中)，导致银行间拆借股票，从而向客户征收逆拆借股票的利息。

四、大米交易开始在美国开展

战败后的20年时间是资本过少的修正时代，企业增加发行股票的面额以实现增资，而不像现在这样直接按照企业价值发行股票。因此，可以说“增资就是买入”(买入增资企业的股票有利)，长期持有优质企业股票，当这些企业数次不断增资之后，持有股票的投资者会获得惊人的收益。因此，那些被称为行情师的人们不仅在日本以“获得实质性的收益”为目的，在欧洲比较疲弱的市场行情下也卖出企业的股票，因此，出现大多头行情师佐藤和三郎(是小说《大多头》中主人公的原型)也就是情理之中的事情了。

【注】股票市场中由一定的多空构成，一般投资家为偏重买入的“基于预期的买入”多头，而与此相对的是“获得实际收益”的行情师以及对冲基金。在美国通过发行无面额股票进行M&A是平常之事，增资发行股票的价格是通过计算企业股票的现在价值得出的，但有时也会进行股票的分割，因此，如果长期持有两家企业的股票的话，随着企业的不断发展，和日本的过少资本纠正时代一样，预期能够获得巨大的收益。沃伦·巴菲特的成功就是其中的代表之一。

但是，从对冲基金的繁荣可以看出，“卖出”有利是没有改变过的。

在日本，随着股市的不断发展，增资被改头换面成了股票分割，但是仍然是按照时价发行，如果一味买入的话，就有可能造成亏损。因此，生命保险一般都会拒绝买入，上市之时，投资方开始重视合并报表、时价会计、ROA(总资产利润率)、ROE(股东资本利润率)等数据，因此可以说目前日本股市向美国股市看齐了。在美国，银行持有企业股票是被禁止的，这是因为“原本应该秉持稳健经营策略的银行如果买入价格大起大落的股票的话，企业的经营就会变得不稳健”，即前面所说的账面盈利减少。

预计2001年3月以后，日本将导入持有的有价证券等的时价评估机制。因此，如果股价继续低迷的话，就会大幅影响收益以及自有资本。引用《日本经济新闻》(1998年7月4日)的报道如下：

从1998年6月17日开始，东京谷物商品交易所开始上市交易咖啡豆期货。

从现在(1998年6月17日)开始，将在工业品交易所逐步上市交易的品种还有原油期货、汽油期货、灯油期货等，而从江户时代就一直上市交易的大米虽然作为现货进行自由化的(或者近似自由化的)交易，但是大米期货的上市交易时间表本次仍然没有被提及。这种期货交易从广义上来讲算是金融衍生品的一种。

当然，期权也算金融衍生品种，7月初的时候，有家商品交易公司的比较好的朋友给我打电话说：“老林，要不要进行玉米的期权交易?”还说：“肯定会赚的。”当我反问道：“怎么讲?”对方回答说：“当然跟筒元一起做。”

【注1】筒元(庄家)：①赌场的所有者，即经营赌场的人。从摇筒(内有骰子)的意思引申来的。坐庄、借钱给赌博之人。②转动圆筒，把东西卷起来的人。将东西收拿到原处。我想让大家关注的是，这位朋友所说的意思是卖出“买入期权”(call option)能够获得收益。因为庄家必然会获得收益。因此，不管什么时候通过这个交易，也不管庄家在什么点位介入都可以获得收益。

当然，纯粹意义上的庄家是在交易所赚取交易中介费的人，但是这家商品公司的人所说的庄家正如我们之前所说的“以大笔资金在某一个点位建仓的人”，不管是什么交易，股票也好商品也好掉期也好，任何交易和复杂的金融衍生品，也不管庄家在哪个点位介入，他所说的是大笔资金介入的人。

【注 2】在美国和墨西哥，已经开始进行大米的期货交易了。大米(期货、精米、100 磅、美元、成交)7 月 15 日：7 月合约 9650；9 月合约 9155；10 月合约 9360。

五、庄家的持仓价

现在出现了金融衍生品以及庄家(这在日本是个蔑称)这两个名词，下面介绍两则最近的新闻报道。

《朝日新闻》1998 年 7 月 19 日：

可能会导致企业破产的新金融交易登录日本
在经济不景气背景下的市场扩张

预计破产规模可能达到数百亿美元——“赌”特定企业在一定期间内破产可能性的新金融交易在日本登录，市场规模开始扩张。也被称为“债务违约(Default)期权”等。一方的当事人向第三方缴纳一定的手续费，该第三方确保从当事人借债的公司破产时仍然可以收回巨额的现金。

连已经决定了合并方针的日本长期信用银行(长信银)和股价的持续低迷的企业，甚至大型都市银行都成了可以进行股票交易的对象。

以经济长期不景气导致的信用不安定性上升为背景，市场规模有了飞跃性的扩张，对此金融监督厅等确立了整顿证券市场法治法规的施政方针。

“是否接受长期信用银行(长信银)的风险。”某外国投资家通过美国的投资银行向日本的某大型开发商的财务主管喊话。据说该投资家持有大量的长信银的债券，并且担心不久的将来，长信银是不是会破产。于是他们给出了一个方案：“和长信银发行的债券相比，我们将提供比他们高 0.5%的利率作为手续费。只不过即使半年以内只要有一家银行破产，就需要按照债券的面额支付，这个条件怎么样?”

之后的几次，针对都市银行，也给出了同样的解决方案，但是都被回绝了。“交易的本质就是，如果将这些信息透露给交易对象银行的话，我们和他们的关系就会恶化”，我们因为担心这个，所以都回绝了。

但是都市银行开始了这样的交易。某都市银行的商品开发总监，收到了担心其他银行破产的投资者针对持有的债券，给出了“希望能够对债券进行保险”的请求。

“由于我们是一流银行，所以收到这种请求之后，也惊呆了。我们认为国家层面助长了这种金融的不安定性。”

于是找到了承接这些债券的投资者，将债券打包卖给了他们。

《日本经济新闻》1998 年 7 月 20 日：

个人存款中的金融派生商品规模扩大
高利率高风险
三菱信托与掉期商品联动

以金融高科技为驱使的个人存款陆续登场。这是一种被称为金融衍生品的金融商品，三菱信托银行在 21 日将与掉期利率完全联动，并开始经营这种利率会变动的定期存款，这是日本第一家这样做的银行。

与货币期权组合而成的外币定期存款以及将来的预期利率二者如果匹配的话，利率就会变得对储户有利。该产品将面向富有阶层销售，当然也有规模比较小的掉期商品。在追求高利率的同时，风险也会变大，到目前为止，该产品只向机构投资者等专业人士销售，但是现在也面向个人投资者销售了。三菱信托银行研发的这种变动利率定期存款产品，其机制是将变动利率与固定利率进行交换的一种掉期产品，其存款利率与掉期的汇率完全联动。顾客约每半年左右会清算一次利率。例如，以 5 年定期存入 5000 万日元的情况下，现在的利率为每年 0.6%左右，但是，如果今后市场的利率上涨且掉期汇率上涨的话，上涨部分会反馈到储户的利息中。

三菱信托银行收到了从 4 月开始存入期间超过 3 年的变动利率型定期存款的销售解禁的通知，并开发了该类型商品。存入金额在 5000 万日元以上存入期间为3~5年的富有阶层个人储户可以通过三菱信托银行购买这种存款品种。

樱花银行、大和银行、住友银行、三和银行以及都市银行也都开始销售这种附带在合同期间内可根据事先约定的日元汇率交易“买卖美元的权利”的货币期权的美元定期存款。这种商品的主要内容是承诺储户在存款期间内根据事先约定的上限日元汇率兑换美元，但当日元汇率没有上涨的情况下，可以根据存入时的日元汇率将外汇兑换回日元兑给储户，因此储户能够获得较高的利息回报。

相反的，如果日元汇率上涨，即使只达到一次合同约定的上限汇率，那么存款将直接转换成美元(或其他币种)定期存款，并在3年(或5年)存款到期之后，将美元兑还给储户。由于当时日元升值，因此如果按照日元计算，这种存款也有可能会损蚀本金。存入时间均为合同签订后1年以内存入，而最低存款额方面，大和银行和樱花银行为10万美元(相当于1400万日元)。

另一方面，三井信托银行从6月开始销售存款期间3个月和5年组合而成的搭配型定期存款商品。最低存款金额为2100万日元，可以说这是一种比较容易接受的商品。该商品是一种首先要定期存3个月，然后自动转为5年定期的存款产品。当初的3个月的利率是超级定期3个月存款利率的3~4倍，而自动转为5年期定期存款之后的利率也比存入时的超级定期5年存款利率高0.1%。但是，3个月之后，如果官方对5年期定期存款利率升息的话，那么这个时候的利率仍然按照合同约定的利率返还利息，而不是按照升息之后的利率返还利息。

住友信托银行也在销售几乎相同的存款产品。存款期间为1~3年，100万日元起存。带有货币期权的存款总量激增，金融衍生品交易原本是以企业和机构投资者等进行的大型交易为中心的。但是，在超低利率背景下，想把个人闲散的资金组织起来进行投资的个人投资者之间，也开始了以获得更高回报为目的的投资。

附带货币期权的外币定期存款等产品就是针对这种需求应运而生的存款商品。只不过，不管是什么样的商品，都打上了投机性的“金融衍生品”高风险高回报的烙印，但这些产品却不被称为金融衍生品。而面向个人投资者的附带货币期权的外币存款产品是近一年内才出现的一个新的投资品种。

大和银行由于《订正外汇法》的实施而提高了对外币存款的关注程度，从今年开始这类产品的合约数量急剧增加。从1997年10月开始到1998年3月期间的外币期权存款合约数量已经达到了30件，而4月之后，这个数字更是突破了200件。该类存款产品的主要顾客为企业主、医生等富有阶层，但是其中退休的工薪阶层以退休金投资为目的的投资者也不在少数。

附带利率期权的三井信托和住友信托等银行的存款商品由于起存金额比较低，因此一般的工薪阶层购买此产品的情况也比较多。

其实这篇文章的重点在最后面，也就是一般的工薪阶层购买的比较多。希望大家能够考虑一下庄家是在哪个点位介入的。另外，也有评论认为这篇报道中描述的哪里是庄家，分明就是明火执仗。我们现在从《月刊商品期货市场》1999年8月号刊载的战略家天云政高氏的“金融衍生品组合中暗藏的陷阱”这篇文章中摘取一些主要观点呈现给大家。

泡沫崩溃时代是大家都陷入亏损的时代，虽然有损失超过了日经指数型债券(损益与大盘走势挂钩)的股票和投资信托，但是这不是主要问题。

金融衍生品有如下特征可以概括为：①零和游戏；②加入了杠杆。

其实，被称为行情专家的机构投资者在投资金融衍生产品的过程中也出现了较大的损失。另一方面，1999年……受到金融衍生品店头销售许可解禁的影响，个人投资者已经买入了超过3000亿日元以上的复杂的日经指数型债券。个人投资者可以说是日本留下的最后的一批胆小如鼠的羊群，也就是在日本的最后的猎物。

目前日本陷入了政治家可以制造统计数字但却无法带领日本恢复经济景气的状况。日本最后的大款是最无知的个人投资者，但是他们却在政治家的蛊惑之下集体买入了3000亿日元的日经指数型债券。购入这个债券的本质含义其实就是将自己手头的3000亿日元的现金交给了明火执仗黑吃黑的证券公司。

……

(1)随时偿还递降式(callable step-down)日经指数型债券;

……

(2)触发式(knock-in)日经指数型债券,该种债券附带有4%~5%的优惠条件。但是,到合约期满日为止的期间,日经平均股价即使仅有一次下跌突破购入该产品时的日经平均股价的30%,就会触发(knock-in)附带条款,之后该债券转为与日经平均指数联动形式的债券,其最终的偿还金额由偿还日的日经平均股价决定。也就是说,如果购入1亿日元该种类债券,那么若合约期满日的日经平均股价下跌至只有签约日的50%的话,最终偿还金额将仅为5000万日元。该类型产品以1年期产品为中心,假设优惠是4%的话,那么优惠的部分仅为400万日元。也就是说,如果不算利息的话,最终亏掉了4600万日元。其他方面,触发式日经指数型债券虽然也有可能碰到行情上涨的情况,但那只是一种保护色,让这个产品看起来对投资者有利而已。不管怎样,所有的风险都集中在了日经平均股价下跌方面。

……

日经平均股指型债券,现在销售行情非常不错,发行方不断设计新产品投入市场,起步总额超过1兆日元只不过是时间的问题。只要不断地发债,日经平均股价就会不断走高,只要发债不停止,和泡沫崩溃一样,转为下跌的可能性会越来越高。

被称为行情之神的山种(山崎种二)认为:“上涨行情下虽然获得了收益,但是物价也同样上涨了,因此考虑到物价的涨幅,实际上获得的收益并没有那么多。相反的,在下跌行情下(卖出)获得的收益才是实实在在的。因为物价也会随着股市的下跌而下跌。

“如果我要建造住宅住的话,肯定会在下跌行情之后(用卖出获得的收益)建造。不管是材料费还是人工费都会下跌,用同样的钱能够建造更好的房子。”

这是他在一本名为《珠算》的传记中写的一段话。就像这样,如果写关于卖出的本质的话将会如何呢?虽然我不知道这两本书的主要思想是不是一致的，但是就“卖出有利还是买入有利”来说，这两本书的观点明显是一致的。

【注】我写的关于“卖出利率”方面的内容会比较多一些。面向一般投资者的比较浅显的代表作有两部，一部是铃木隆先生著的《通过炒股赚钱的方法》，另一部是益田金六先生著的《寻找金蛋 30 年》。我手头并没有《寻找金蛋 30 年》这本书，因此，我就在俱乐部里面拜托有这本书的一位朋友把这本书复印了给我。关于铃木隆先生的书的内容我们在前面已经引用过了。

六、信用的创造

前面所引用的铃木隆先生的书中，出现了金融从业者的内容，因此作为参考，下面将我在工作生活中的一些见闻也和大家分享一下。

那是 1972 年，我担任总经理的商品营业部的一个职员朋友开始从事融资融券业务。他是一个认真严肃的男子，获得了一个韩国赞助人的数亿日元的出资，做的是短期的以证券担保为主要内容的高利贷业务。这并不是说他有从事高利贷的经验，但他在证券公司有 7 年从事证券出纳工作的经验，因此他能分辨证券和股票的真伪。由于高利贷的利率非常之高，这就已经是稳赚了，所以他开始做的这个事情实质上没有什么技术含量，而数亿日元的资金转瞬之间就全部贷了出去，因此他变得非常有空闲。闲下来之后，话说这也已经是他开始从事这份工作一年后的事情了，他渐渐了解了高利贷的内幕，开始疯狂地卖出手头担保的股票。整个事情的经过如下。

为了让大家理解方便，我们以 1 亿资金来计算说明。把时价为 1.5 亿日元的股票抵押给他，从而可以从他那里贷出 1 亿日元。如果将这批用于抵押的股票或者债券按照抵押时的价格卖出的话，他能够回收 1.5 亿日元的现金。当他把股票证券变现之后，可以以这 1.5 亿日元再用于为另外一笔 2.5 亿日元的股票抵押。之后，他手头会收到 2.5 亿日元的现金。当他再把这 2.5 亿日元用于抵押股票的话，则可以为时价 4.1 亿日元的股票做抵押。做这么 3 次之后，他的贷款总额就变成了 5 亿日元(1 亿日元+1.5 亿日元+2.5 亿日元)。当然，他获得的利息也是这 5 亿日元贷款总额的利息。

起初，如果卖出股票之后，借款人来还钱赎回用于抵押的股票的话，即使该股票的价格上涨，也要以高价买入然后返还给他，那么不管利率多高，也会造成亏损，因此股价上涨是其中的风险因素。但是，如果试着做一下的话就会发现这个风险其实是可以忽略不计的。因为借款人短期内来还钱的情况极少发生。但是即使极少发生也是会有发生的，之所以这么说，是因为在股票暴涨行情的 3 年半当中，确实发生了 3 起这样的要求还款的例子。这个故事是我从身边的朋友那里听来的。那么，也许会有人问，将抵押的股票卖出难道不是对借款人的一种背信行为吗？并且，应该也有人会认为买入之后将现货股票交还给借款人也是 4 天之后的事情了，是不是有点来不及呢？关于这点我们来做个说明。

首先，在借款的合约上面，返还股票或者证券时，只要求该股票或者证券的品种和数量相同，不论该股票是否曾被交易或者转手。因为股票和债券都是不记名的，也就是说不会有借款人用自己名义的股票或者债券做抵押来借高利贷。并且，借款人赎回股票一般都会有 4 天的宽限期，因为如果一手还钱一手退还抵押股票或债券的话，整个过程就无法操作了。当然，在合约书当中，根据公司的不同，一般会在 4 天之前通知借款人返还股票和债券的日期，有时即便是第二天返还抵押股票和债券也是有可能的(如果第二天是工作日)。也就是说，股票证券交易所通常的交割时间一般是 4 天，交易所方面当然确实是 4 天，但是市场上也有能够实现立即交割的黄牛(在日本叫即商，立即交易的意思)，可以帮助贷款人在当天交割到所需要的股票和债券。因此，即使在合同没有规定交割日的情况下，当天接到第二天返还贷款并当场赎回股票证券的电话，那也是没有任何问题的。

接下来，我们来分析一下信用的创造。首先，我们来引用《金融词典》的词条，虽然这个解释在我看来有点难以理解。信用创造是银行利用储户的存款作为信用供给的源泉，因此，银行能够提供的信用额度受制于存款余额，但是这时银行就不只是一个被动地存入现金然后作为中介把这些钱借给借款人的中介机构了。银行制度广泛普及的经济社会中，贷出的资金会作为存款再度流回银行，因此，银行的贷款反而会影响到存款金额。基于这种相互正促进的效果，银行的信用供给活动具有扩张的性格。所谓信用创造(credit creation)，是指银行提供了超过存款资金的信用量，造成了存款金额进一步扩大的结果。更加通俗易懂地解释如下。

银行广泛汇集大众存款，并将这些存款作为本金贷给企业获得利差收益。最近流行的一个词语叫“银行惜贷”，这是由于银行贷给了企业资金，但是企业由于经营不善无法按期偿还这些贷款，使这些贷款成了银行的不良债权，不良债权不断积累侵蚀了银行的可用于贷款的资金，使银行没有更多的钱放贷，或者由于借款企业的财务状况并不稳健，因此不贷款给申请企业，这些情况都会导致银行的放贷量减少，也就是银行信用不断收缩。

而与之相对的情况如下。虽然银行将汇集来的存款放贷给企业，但是企业并不用这些资金支付他用，而是先把这笔钱作为现金存款存入银行，如果有需要再用来支付，如果支付之后仍然有剩余的话，这些剩余的资金仍然会作为存款放在自己的银行账户上。此外，企业收入的现金也会作为存款存入银行的户头。也就是说，由于这些资金可以再贷款给其他企业，和现实中汇集的存款总额(原始资金，本金)相比，贷款余额要更大。

这个过程就被称为银行的信用创造业务，因此通常的贷款额度是存款总金额的3~5倍，也就是银行创造了存款金额3~5倍的信用额度。

我们再来看一下日本泡沫的产生。泡沫时期土地的交易额度虽然很大，但是交易并非是现金交易，而是通过存款支票(银行发行的支票)来交易的，因此，这些钱又原封不动地流回银行了，也就是说，在这个过程中信用的创造实际上变成了没有上限的无限膨胀的事情。根据坊间的传言，1987年泡沫鼎盛时期银行的信用额度瞬间达到了存款总金额的15倍。也就是说，如果这些贷款仅有1/15变为不良贷款的话，银行将会无法偿还储户的存款而破产。

七、寻找金蛋30年

我从读者朋友那里获得了《寻找金蛋30年》一书的影印资料，我现在为大家介绍其中的“卖出有利”章节。我读了这部著作之后感慨万分，正如我所了解的一样，益田金六先生并非像传说中的那样是一位不折不扣的实践大师，这部书中抽象说明的部分比较多，一般读者会难以理解。但是，因为没有其他书能够像这本书一样用了比较通俗易懂的语言说明了“卖出有利”这一课题，因此我们只引用这一部分。

能够符合这个标准的投资对象意外的少

我在昭和三十三年(1958年)六月的某天，花了整整20个小时针对在东京、大阪、名古屋三大证券交易所的大部分上市的、非上市的、特殊的股票以及基于这些公司过去3年的业绩的投资价值进行了深入的调查。结果，先别管这些股票的当前价位是便宜还是贵，首先具备能够给予投资者基本的安心度和热情的企业实体的股票品种(通俗一点讲就是能够赚到钱的)仅能筛选出117只。这在整个市场中交易的900余只种股票品种的13%不到。如果对这不到13%的股票再进一步筛选的话，最终只有60只股票能够达到投资要求，只占6%，那么问题来了，是我的调查标准过于苛刻吗？不管怎么说，我是针对三大主板相关的大部分品种做的调查，可以算作普查了，其中只有13%或者6%的股票可以成为投资对象，我们再看看有几只股票是可以进行融资融券交易的。

不看不要紧，117只股票中只有20只，60只股票中只有13只是可以进行融资融券交易的。可以说只要能够融资融券，就可以进行股票投机，但是从我这次的普查结果来看，股票投机容易失败的原因不在融资融券交易的缺失，实际上，能够融资融券交易的股票品种还是不少的，然而能够确保炒作资金安全以及促使这些炒作资金投放市场的因素少之又少。这个调查对于众多热衷于股票投机的投资者来说犹如晴天霹雳。因为这些话是前人们所没有说过的。

当然，上面的数字，那些所谓的投资，也就是说通过调查已经可以明确地看到，虽然不管是现货股票买入还是上市、非上市、特殊股票品种，这些所有的股票当中能够满足投资要求的股票品种实际上虽然非常少，但是仍然能达到近100只到40只的数量。这是可投机对象(融资融券卖空)的数倍。

可以说，和投资方法相比，可以投资的标的物更重要，所以适合投资的标的物有数倍的事实是我们不得不理解的事情的本质。然而，这种对股票品种的实体评价，如前面我们所说的那样，如果不是在像我这样比较严格的评价体系中进行评价的话，标的股票品种的数量还会在此基础上急剧增加。时代不同当然可用于投资的股票品种会有所变化。但正因为如此，我们不得不思考的是，把资金分成很多份然后分别买入很多只股票，这种投资方式即使对于股票爱好者来说也不是必要的投资方法。

在个人的财产管理和投机活动中，每个大众投资者充其量观察50~100只股票，甚至即使把这个范围缩小到10~20只，对于个人来讲也足够了。这种组合式购买股票是一个明确的好的投资股票的方法。即使是准头很差的射击手连续射击数次也能命中目标，然而个人投资者由于在资金量、时间、精力、智慧方面没有那么充裕，因此将目光放得太宽把手伸得太长在炒股上是下策。

如前所述，可用于投资的股票品种是比较少的，其他的股票绝大部分是不能投资的，或者应该卖出的。就股票爱好者来讲，喜欢买入的占压倒性多数，因为他们不知道股票也是可以卖出(卖空)的。当股票价格下跌时应该卖出，而有时股价也会突然暴涨，或者完全不动，对于这样的大涨大跌或者完全不动的股票一般投资者最好不要介入。这样的股票占大部分，买入之后就不得不卖出，连投机的价值都没有，我们也不知道这样的股票存在的意义是什么。

思考和行动的容许量

这里还有一件更需要投资者们注意的事。这是一件非常重要的事情，这件事从来未被任何现在或者之前的股评家所提及。希望各位读者打起百倍的精神来阅读下面的文字。

买入之后不得不再卖出的投机将来会变成投资的经验。既然会成为经验，因此也有做的价值。但是我们都知道我们不能被这种不会产生任何收益的经验型价值所束缚。

事实上，如果只是为了每股赚10日元而买入然后再卖出的话，反而会损失20~30日元，如果只是为了赚20日元而买入再卖出的话，反而能够赚50~100日元，这种情况是非常常见的。这就是这种操作带给你的经验，如果能赚钱的话会赚更多的钱；如果亏损的话，会亏掉更多的钱，而且操作这种股票太花时间。面对未知的世界而耗费大量的时间，说明其中危险要素非常多而且水会很深。

然而，卖出再赎回就不是画饼充饥。行情已经冲高的情况下也有顺势而为的方法。为了矫正这种情况，像极了只有一端(One end only)，能够获得一个比较好的机会。但并不是任何股票都可以顺势而为，不管是哪只股票，有时会走出不合常理和推断的走势是明确的，但是，如果不是只看一只股票而是同时观察数只股票或者十几只股票的话，则可以根据它们的走势来探讨、修炼以及勇敢地做出判断。而且，如果掌握了方法的话，短时间内就会一见分晓，更能掌控节奏。到掌控胜负的节奏这个层面多少需要一些时间，但是与其把时间放在空耗上，还不如学一些真本事。

也就是进一步来总结的话，买入然后卖出的整个过程费时确实比较长，不仅存在大量风险，而且掌握先后顺序非常困难，然而，卖出赎回并获得收益的操作的话，过程比较容易掌控，而且没有先后顺序，在股市崩盘时采用这种办法是收益性最高的。因此，买入再买入的操作方法获利较少而且有很多风险，但卖出再赎回的方式则比较单纯，并且容易获得收益。股票投机当中，这样的买入然后再买入比较安全保险。极端一点讲的话，我们直接就可以把投机定义为卖出。那么为什么那么多股票爱好者只是一味地从买入开始介入股市而从不考虑从卖出开始呢？以至于没有任何收获，更有甚者面对失败与损失而悔恨交加呢？一部分人的失败与损失应该归功于证券公司。大家可能会认为证券公司只是推荐大家买入股票而不告诉大家应该卖出股票。这有失偏颇。在真正卖出的时刻，仍然有压倒性多数的投资者给证券营业部打电话让他们代为不断买入。证券公司经常会告诉投资者“目前非常繁忙”，交易员连卖出自己持有股票的时间都没有。因此，在这个节骨眼上，对每个投资者说明情况并推荐他们“现在请卖出吧!”是非常不可能的事情。

因为人不是永动机，在同一时间段内的活动量是有限度的。卖出的时机必须得自己发现才行。只知道买入然后将卖出的责任推给别人，或者自己不去寻找卖出的时机，是因为这些投资者的思考和行动的容许量太狭窄。

假设你有两块手表你想同时戴上它们，实际上你在使用这两块表的时候，应该只是看其中的一块表，而另一块基本不会看。这就是我所说的思考和行动的容许量太狭窄的含义。连同时戴两块表你都只看其中一块，而对另一块置之不理。所以说，你在买入股票的时候思考和行动已经到达了你的最大容许量，在此基础上已经不能再思考更加重要的卖出了。因此，就连买入也会落后别人半截。最终的结局就是失败和亏损。如果投资者不愿意看到失败和亏损，而是希望获得成功和收益的话，就必须自己努力做到在把自己的思考和行动的容许量从原先的只能考虑买入扩展到可以同时考虑卖出，并且要把卖出放在中心位置，这需要投资者做大量的练习。而且，在热情方面不能输给买入然后再卖出这个操作，并且每次介入应该先从卖出开始思考和行动。这一点是老练有能和拙劣无能之间的重要的表现上的区别。

我们拿汽车来举个例子。老练有能力的司机，在汽车起步之后都会把脚放在刹车上面，因此基本不会出现交通事故。而拙劣无能的司机在汽车起步之后，会把脚放在油门上，只考虑如何加速，不知道何时应该刹车，这样的话，就会碰到很多事故。这就是思考和行动的容许量方面的差别。在投机中一味考虑如何买入的投资者和汽车起步之后只把脚放到油门上的司机一样，等于预约了失败和亏损。

八、卖出确实很难被理解

和铃木隆先生的“卖出有利”理论的论证过程相比，我这节的论证过程稍微显得弱一点。我们将论证的关注点放在股价上涨的过程中。

原话是这样写的，“获利预期比较大”的股票一共有 117 只，再进一步筛选出预期收益更大的一共有 60 只股票(占上市公司总数的 6%)，“除此之外的其他股票品种都是预期没有收益的，要么不操作，要么就卖出”，如果按照益田金六先生的做法(和股票相比收益性更大)的话，总不会这相同的 60 只股票相比收益率更高吧？那么按照他的做法，他只能买入这 60 只股票才能获得更高的收益，而刚才我们说过，这些股票的比例只占 6%。除了买入有利之外，说到“不操作或者卖出有利”的话，那么在 6%之外有 94%的股票是可以操作的，明显卖出更有优势。

本次泡沫于 1989 年 12 月到达了大顶，但是作为先行股票的金融股在约 2 年零 8 个月之前就已经预先达到了大顶。例如，三菱银行 1987 年 4 月 4350 日元；住友银行 1987 年 4 月 5050 日元；野村证券 1987 年 4 月 5990 日元；山一证券 1987 年 4 月 3220 日元。

与之相比，先行股票中的金融股也就是率先失去人气的股票品种从 1983 年到 1986 年，也就是在股市到达大顶之前约 3~6 年就已经到达了大顶，在各股票品种暴涨的时候，已经开始走下坡路了。

正如前面所说的只接待“卖出”的顾客的证券营业部的营业员在当时(1987 年)全日本一共有 55 名，这些只接待“只进行卖出操作”的营业员每个人的顾客的资金总量占到了当时公司整体账户资金的 15%。这些以炒股为生的顾客，每个人的资金量都是非常大的，并且都是非常老练的投资者，这个小集团自身就是一个“卖出的世界”，这在一般投资者看来是非常异端的，完全无法理解的集团，就“无法理解”这一点来讲，我在《FAI 俱乐部通信会刊》(1989 年 9 月 11 日号)中提到，我因为老讲“无法理解”这一点受到了我们 FAI 俱乐部会员的责难，“在 FAI 俱乐部这几年的时间里，每个月的例会上都反复讲到这一点，大家仍然无法理解，因此也就无法在行情中更上一层楼了”。

确实是这样的，下一节是《FAI 俱乐部通信会刊》1989 年 7 月号与 1989 年 9 月号中的摘要部分，再和大家分享一下(FAI 教科书《选股与 FAI 俱乐部通信会刊》第 291 页；《研究部会报》1989 年 7 月号、9 月号刊载)。

九、个股暴涨过程中先行股会首先下跌

《FAI俱乐部通信会刊》1989年7月10日号：

不知不觉当中有1/5的股票开始下跌

我们提示了风险。从1983年(昭和五十八年)到1986年(昭和六十一年)1月到达了最高值，之后开始下跌的股票品种已经减少到了不到1/5。

4506大日药被选为日经平均(225)的基准股票品种。也就是说，在市场持续活跃当中仍然存在下跌幅度比较大的股票品种，即使股市有人气，也不代表个股有人气，投资者会选择买入的股票，这种观点非常流行，难道果真如此吗？但是，日竞：1550日元→524日元；岩崎通：2420日元→630日元；富士电化：2850日元→590日元；Copal：1720日元→517日元，就像这样的“在底部徘徊的股票”是实际存在的(表4-3)。

日本证券清算株式会社再次登场

日证清算株式会社在夏季号中登录的新股票品种非常多样化，请参考表4-3，在这张表当中，有的股票一口气上升到了首位(大成建设、Fujita工业、Nichias、冶金工、西华产业)，还有一些股票品种，之前登录过的但是之后消失了，现在又重新登录回来，比如，大林组、富士重工等。这次登录对股价会产生什么影响呢？请注意观察，详细参考表4-3。

表4-3　股票高低价时间表

股票代码	股票名称	资本金	高价		低价		备注
2207	名糖产	12	1985年1月	8020日元	1988年11月	1610日元	
3521	日竞	10	1985年3月	1550日元	1987年4月	524日元	日证决
4100	户田工	55	1984年1月	4000日元	1985年10月	975日元	
4506	大日药	94	1985年2月	6540日元	1988年11月	2000日元	

续表

股票代码	股票名称	资本金	高价		低价		备注
4521	科研药	32	1984年11月	4530日元	1987年11月	1410日元	日证决
4522	绿十字	106	1985年4月	3730日元	1988年10月	1430日元	
4528	小野药	173	1984年4月	15350日元	1989年3月	4010日元	
4534	持田药	43	1984年10月	16600日元	1989年3月	3260日元	
4989	伊原化学	26	1985年9月	3840日元	1988年10月	790日元	
4996	组合化	45	1986年2月	2400日元	1988年10月	730日元	
4997	日农药	46	1984年10月	7300日元	1988年10月	1270日元	
6505	洋电机制	20	1984年8月	2260日元	1987年11月	758日元	日证清算
6704	岩崎通	56	1984年3月	2420日元	1987年4月	630日元	
6705	日通工	84	1984年3月	4700日元	1987年4月	950日元	
6771	池上通	58	1984年3月	2930日元	1987年4月	1040日元	
6783	松下寿	79	1984年5月	4200日元	1987年4月	1460日元	
6810	日立 Maxell	51	1983年6月	4850日元	1987年4月	1560日元	
6955	富士电化	58	1984年10月	2850日元	1987年4月	590日元	
6759	TOKIN	75	1984年10月	3490日元	1988年11月	1500日元	
6975	住特金	132	1984年10月	7360日元	1988年10月	1790日元	
6968	GRAPHTEC	107	1985年2月	5750日元	1987年4月	1140日元	1985年1月上市
6986	双叶电子	92	1985年6月	12220日元	1987年4月	2850日元	1985年4月上市
7729	东精密	16	1984年10月	5300日元	1987年3月	950日元	
7756	COPAL	31	1985年4月	1720日元	1987年3月	517日元	日证决
7967	BANDAI	121	1986年1月	7050日元	1987年11月	2110日元	1986年1月上市
7999	武藤工	33	1983年6月	5610日元	1987年3月	1490日元	1983年6月上市
8035	东京电子	88	1984年3月	6460日元	1987年3月	1280日元	
8592	住商租赁	71	1984年3月	5700日元	1985年10月	1500日元	1983年11月上市

《FAI 俱乐部通信会刊》1989年9月11日号后半部分：

希望我们的会员不要出现亏损

针对最近我写的“从现在开始要慎重交易”和“按兵不动也是一种策略”的态度，有会员向我提出了诸如“这也太消极了”或者“胆小如鼠”这样的批评，我都一一接受。任何炒股认识的失败都会遵循以下轨迹，概莫能外。

刚开始非常慎重地进行交易，并不断积累收益，在其中某一年获得了好成绩，但是接下来失去了谨慎的心态，最后怎么进来的就怎么出去，有的甚至把买内裤的钱都亏个一干二净。

我在长期的炒股生涯中屡屡碰到这样的投资者。在“失败的时候”，不管什么意见都听不进去，并且，即使从失败之后总会回过头来埋怨我“为什么那个时候你没有掐着我的脖子劝我！”正如火灾和交通事故那样，事情发展到那个程度才恍然大悟，只不过为时已晚。我对大家的要求就是“不管怎么样，我们俱乐部的会员请不要失败”，请慎重地进行交易。

在7月号中，俱乐部会刊刊载了“下跌当中的股票品种”，其股票名称见表4-4。

表4-4　正在下跌的股票

股票代码	股票名称	资本金	最高价	最低价	备注
8133	Unicharm	106	1986年9月 4790日元	1989年3月 1760日元	
8136	Sanrio	167	1984年1月 8550日元	1985年7月 2150日元	1988年11月上市
8179	Royal	61	1986年7月 4510日元	1987年11月 1900日元	3600最低价
8180	Skylark	74	1983年6月 4970日元	1987年11月 2310日元	
8195	Dennys	71	1984年3月 6800日元	1987年11月 2390日元	
8198	八百伴	113	1984年5月 3000日元	1987年11月 1120日元	

第五章

卖出的总结

一、对冲基金

从现在开始我们将之前讲过的“卖出”做一个总结。正如到目前为止我所说得那样，在“卖出”当中，卖出共有对现货股票的清仓卖出、反向卖出和卖空三种形式，这些都是“卖出” 实际持仓中不合理部分的操作，是非常理论化的表述。因此，利用电脑技术炒股的投资者由于追求理论上的合理性，因此今后也许会从中涌现出一批“新型炒股阶层”。

当然，即使被称为“新型的投资者”，利用电脑技术炒股也并非其必需条件。与使用电脑还是不使用电脑不相关，不管是在此之前还是在此之后，以合理性为前提进行交易的人在任何时期都存在，那就是“逆人气而动”的行情师。可以说，专业行情师在任何时期都是存在的，只不过对冲基金的操作过于复杂，如果不利用电脑技术的话是无法实现的。当然，比较大规模的对冲基金一般会同时操作 10~20 种期货、商品、货币、债券、利率掉期产品，而且这些资产以不同的单位组合在一起(例如，如果对冲基金持有其中的 15 个品种的卖出头寸，并同时拥有 18 个品种的买入仓位的话)，如果没有电脑技术的话，单靠人的大脑是无法计算的。

但是，由于原理都非常简单，因此月刊杂志《投资的科学》中写到的对冲基金的地方又重新刊载了相关的内容。

《投资的科学》1999 年 1 月号：

针对对冲基金的简要说明

LTCM（长时基金管理公司）与泰格基金这种大型的对冲基金都以失败而告终。所谓的对冲基金，是指在投资过程当中投入大量的资金利用杠杆效用获取安全的最大化利差（套期保值）的投资机构。破产的 LTCM 的杠杆有 50～100 倍之大，而一般对冲基金的杠杆只有 5～20 倍。我们现在举例来说明一下这个 5～20 倍的杠杆效果是一个什么情况。

例如，针对咖啡豆这种期货商品，有罗布斯塔咖啡和阿拉比卡咖啡两种。该类期货在 1998 年 8 月 17 日的价格如下，阿拉比卡咖啡 27360 日元/袋；罗布斯塔咖啡 25060 日元/袋。这是一个交易单位的价格，但是要进行这种期货交易的话需要事先在交易账户中存入 8 万日元的保证金。阿拉比卡咖啡一袋 69kg，一个交易单位为 3450kg，罗布斯塔咖啡一袋 100kg，一个交易单位为 5000kg，即二者的单次交易量均为 50 袋的倍数。也就是说，每次交易的起步价格为 120 万～130 万日元，只需要缴纳 8 万日元（最低保证金）就可以进行交易了，资金的效率约为 15 倍，也就是说其中加入了 15 倍的杠杆。

我们来举个例子，假设进行了如下的交易：

我们先设定资金量为 800 万日元，阿拉比卡咖啡 50 单位融资卖空，罗布斯塔咖啡 50 单位融资买入。10 月 14 日阿拉比卡咖啡与罗布斯塔咖啡的价格是相同的（22000 日元），因此每单位都有 2000 日元的收益（阿拉比卡咖啡方面有收益，而罗布斯塔咖啡方面出现了损失，二者的差额之后，约有 2000 日元/单位的收益），也就是说，用了 800 万日元的资金获得了正好 500 万日元的收益（已经扣掉了手续费、印花税、消费税等费用之后）。这个收益对于个人来讲应该是足够了。

进行了上述说明之后，可能有人会说："什么啊！对冲基金和股票市场的 225 平均股价期货现货的套期保值交易完全一样嘛？……""和《股票的套利教室》中的〔A 股卖出－B 股买入〕的方法一样啊？……"等。确实，收益虽然少了，但是这种方法能够获得确实的收益，同时通过杠杆效果放大这个收益，这就是对冲基金的做法。

那么，LTCM 或者泰格基金为什么会失败呢，这是因为不考虑实际情况过度放大杠杆率的话反而会增加风险。此外，读者肯定会思考以下的内容。“一方面买入股票，同时卖出其他种类的股票(风险对冲、加保险)的话，虽然收益会减少，但是会比较安全，如果不能像LTCM那样过于依赖提升杠杆率的话，就不行了。在此基础上，价格虽然按照预期上涨或者下跌并且不会有危险，而且两个品种之间的价差(套利目标)如果出现异常的话，利用了回归正常的必然性，因此，为了能够确保安全需要做大量的工作”。确实是这样的。

虽然说是对冲基金，但是知道其中运作规则的个人也是可以这样做的，并且由于都是一些理论上的工作，只要使用电脑科技就能够获得预期的成果。

基于合理性赌概率的交易

这本杂志正在连载的泷泽博士著的《基于电脑技术的投资成功法》中也可以看到相类似的手法，虽然通过电脑计算的能够获得收益的概率惊人的高，但是问题是在现实中如何确保这么高的收益概率存在。

现在，泷泽博士著的《交易指标验证》正在连载当中，到目前为止的投资者心理层面、新价值、点与图、相对力指数等都没怎么有效果，这也让我非常惊讶。此外，如果使用电脑的话，就不需要使用指标和雷达，只限定符合数学公式的合理性的概率的高低，因此之后的运用只要结合与交易情况下的概率的高低就不会产生抵消效果的方法就可以了。也就是说，减少“老式行情师”的部分，而更多地结合理论的合理性部分的投资者变成了“新式行情师”，这些人一般产生于电脑爱好者团体，并且成为新一代的投资者阶层。但这些人也并非是对冲基金大佬乔治·索罗斯那样的大人物，而是缩小版的乔治·索罗斯，并且这些新式行情师通过投资获得收益，成为下一代投资者。

然而，所谓的追求合理性和高概率也不是说就一定是百发百中。乔治·索罗斯基金的其中一个叫作量子基金的基金公司的成绩如下，1992年36.7%，1993年63.0%，1994年-10.2%，1995年159.4%，1996年81.9%，1997年49.3%，1998年(到9月为止)仅为1.5%。

二、卖出的能量

一般投资者的“卖出的能量”是指：①日常生活当中的消费(买入)生活；②面向一般投资者的炒股，现相关书籍中只会写关于“买入”的内容。虽然是从这两点得来的，但是本质上来讲仅仅是无知、知识匮乏引起的。所有的投资活动当中，和买入(这种行为、行动)占有完全相同比重的是卖出(这种行为、行动)，而且，由于“卖出太特立独行”(人们特别的目光)。正因如此，“卖出才比买入更加重要”。

买入并持有股票，结果股价上涨了。因此，卖出这个过程被叫作“落袋为安式卖出”。相反，买入一只股票之后，股价下跌，预期枯竭，因此不得不止损清仓卖出，这个过程叫作“清仓止损式卖出”这两者都被称为“清仓卖出”。这种情况下，在上涨行情下买入的话当然能够赚钱，然而上涨的行情是短暂的，有时只有 3 个月，也就是在行情上涨的这 3 个月里面在什么点位介入都是可以的，极端一点来讲，即使是在到达大顶的 1 周之前开始买入都是可以的，如果你“能在大顶的位置卖出”的话。如果是一个比较长期的行情上涨的话，例如泡沫时期的上涨行情持续了 3 年的时间，那么理论上你在这个时间的任何时间买入都是没有问题的，只要你能在“大顶处”卖出或者在“大顶的周围”卖出。

市场进入下跌行情的时候，是万万不能买入的(我们接下来会论述“下跌行情应该怎么做”)。这样的结论我想大家都已经比我明白了，不需要再解释了。即使还比我明白，那么正如我们前面所论述的那样，需要你能够在大顶处，或者大顶周围卖出清仓。因为看错行情之后的清仓止损式卖出不是那么容易下决心的，会有一种惜卖的感觉。这可以归因于我们在本章开始所谈到的“卖出的能量”。这并不是因为个人投资者都是傻瓜，只是“卖出的能量”和“贪欲”在结果上是一样的(无法带来收益，只能最终带来亏损)，即使如此，这两者仍然有着本质的区别(关于这一点等读者看到后面阐述反向操作的章节时就明白了)。

不管怎样，从上面我们可以看出，为了能够在股市当中获得收益，进行一些特别的操作(这是比较笼统的说法)的“卖出”是非常有必要的。

某个入门级投资者，技术方面也稍微有一些精进的人如是说。此外，我也惊讶于大家对于反向操作的误解。

“我知道学习卖出操作是一件非常重要的事情，但是为什么我没有学习卖出呢？这是因为我并不觉得老师你所说的消费生活啥的是正确的。例如，做生意的人是在卖东西的，应该比较习惯于卖出吧？可是他们依然和工薪阶层一样在卖出方面表现得非常笨拙。这是为什么？我深入地思考过。此外，现在我们下的结论当中有一个就是由于卖出是将来的事情，现在即使不考虑也是可以的，而且，我还觉得如果现在就学习卖出的话，会学得比较马虎。那么，从其他的理由方面来讲的话，例如，如果已经获得了账面收益的话，在什么时机卖出的问题。

“例如，买入之后如果股价上涨的话，我当然会希望股价继续上涨，并不急于落袋为安变现收益，因此，我并不觉得有学习卖出的必要。

“做生意的其中一个非常关键的因素是，如果更加便宜的采购原材料，也就是说如果买入更加便宜的话，那么即使大家都在卖出，我也可以在那个时候以比他们更加便宜的价格卖出，并可以尽早卖出以确保收益，通过提高周转效率来获得更多的收益。

“原本来讲，这是因为我不擅长卖出因此才不学习卖出的理由，可能和学习卖出非常重要这个观点有点偏差。

“但是，确保收益对于生意人来讲也是重要的，这难道不也是反向操作的目的吗？既然都能达到获得收益的目的，那么现在一味地学习卖出不是偏离了我们原本的目标了吗？”

我们先不来探讨这个观点的对错，确保利益的本质就是套利，这点确实是正确的。此外，这个投资者认为不进行反向操作的理由是，如果进行反向操作的话，若再融资融券卖空之后，股价上涨就会造成亏损。其实这是一种误解，一般投资者中的大部分存在这种误解，这是因为他们并不知道在交割方式当中还有一种方式叫作“现在交割结算”。

例如，在200日元点位买入，股价上涨到了400日元，在这里为了确保收益采取融资融券卖出的方式反向建仓，也就是在400日元点位融资融券卖出。但是，股价进一步上涨到了600日元，因此卖出建仓的部分有200日元的损失。在200日元买入股价上涨到了400日元，明明是获得了收益的，却要支付200日元的损失，那不是说收益变成零了吗？我听到这句话之后，直接惊呆了。

接下来，我们进入反向操作这一课题。

三、降低成本的反向操作

在电话聊天中，有个投资者向我征求意见，他用300万日元分别买入6只股票各1000股，之后股价暴涨，然后他对这6只股票进行了反向操作，通过融资融券卖空的方式分别卖出这6只股票各1000。那么，他现在持有的现货股票一共有6只股票，每只股票1000股。反向操作卖空的头寸有6只同样的股票，每只股票的卖空头寸为1000股。接着他问，由于加入反向操作之后股价进一步上涨，如果现在把现货股票卖出的话，那么手头就还剩卖空的部分了，如果接下来下跌的话还好说，要是继续上涨的话，应该怎么办呢？

这个投资者由于读了我写的《反向交易实践》这本小册子，因此知道如何进行反向操作，这次交易中他尝试了能够确保收益的反向操作，但是只是学了个样子而且学得也是马马虎虎的，现在已经不知道该怎么收场了。股票数量虽然很少，但是品种却很多，而且仓位比较复杂，操作起来非常之麻烦。明明是第一次进行反向操作，就一下操作了6只股票。

我们接下来要讲的就是这个反向操作。所谓反向操作，是指在持有一定数量的股票之后反向卖出相同数量的股票（或者一定比例）来有效地确保收益的方法，但是现在我们先不聊这些，首先我们来对持有1000股的现货股票进行一次性的反向操作。我们将交易、头寸、说明列一个表来表述的话，就比较容易理解了，如表5-1所示。也就是说，假设一个波段有3个月的时间，那么我们买入1000股现货股票之后，股价上涨，3 个月之后，我们并不急于将手头的现货股票清仓卖出，而是通过融资融券反向卖空 1000 股，(1—1) 和以“确保收益”为目的先进行反向操作(双向建仓)，并进入行情观察阶段，果然股价在到达顶部之后开始下跌，有了这个判断之后，那么我们立刻对手头的现货股票 1000 股清仓卖出，手头只持有卖空头寸，然后用这个头寸赚下跌行情的收益。也就是说，在上涨行情下通过买入现货股票获得收益，而在下跌行情下通过融资融券卖空获得收益。炒股就是这么一个上涨和下跌的循环往复的过程。但是，在通常的交易当中并没有这么复杂，也就是说，如表 5-2 所示，通过现货股票获得上涨行情下的收益，而通过卖空股票获得下跌行情中的收益。

表 5-1　反向操作示例

买卖	仓位	
-1	-1	买入现货股票 1000 股
1-	1-1	股价上涨，因此进行反向操作，通过融资融券卖空 1000 股
1-	1-	将现货卖出之后，目前的仓位只有融资融券卖空的头寸 1000 股
-1	0	股价下跌之后，将卖空的头寸 1000 股清仓

表 5-2　上涨买入下跌卖空示例

买卖	仓位	
-1	-1	买入现货股票 1000 股
1-	0	将手头的现货股票清仓
1-	1-	融资融券卖空 1000 股
-1	0	将卖空的头寸 1000 股清仓

当然，如果手头持有的股票数量不是很多的话，也完全没有必要进行反向操作。正如《反向操作的实践》第 44 页所述的那样，山崎种二先生以及山崎证券是东京海上日动保险的大股东，手中持有数百万股现货股票，作为大股东是不能卖出股票的，因此必须通过反向操作才能降低持股成本，并且通过股票交易赚生活费的专业投资者的交易量每次都在 3~5 万股。因此，下次如果交易量少的话，

就不要进行反向操作了。

下面我们主要按照山崎先生的方法介绍反向卖出，在此之后，我们再介绍专业投资者的反向交易(这部分介绍的方法仅供读者参考)。

山崎先生持有数百万股的现货股票，也就是说这些股票的成本为其买入这些股票的总金额。山崎先生持有这些现货股票历时超过20年。然而，这些股票的成本不断下降从而成为账面资产。这个过程的本质其实是以降低成本为目的的反向操作。由于持股规模庞大，经历了一个比较大的经济循环的周期，而山崎先生正是利用了这个周期，在这个周期当中，山崎先生一直集中精力进行反向卖出的套期保值交易。

例如，在初期持有这只股票的时候，股价持续上涨了1~2年。接下来股价进入下跌周期，从这个时候开始，进行卖空操作(套期保值的反向操作)。首先以1万股、5万股的规模为单位陆续不断地卖空。卖空头寸规模一直积累到超过50~100万股。到目前为止的卖空操作都是为了能够提升卖出的价格。如何计算呢？我们举个例子来说明。

卖出合计100万股的话，卖空头寸方面的收益为300日元/股，此时的收益为3亿日元。持有的数百万股现货股票的买入价格为12亿日元，如果这一次反向操作获得的收益为3亿日元的话，那么会降低现货股票的成本3亿日元，也就是持股成本变为了9亿日元。

当然，从日本股市的成交量来看，100万股的收益幅度不止300日元/股。融资融券卖空的操作只有6个月的期限，6个月之后就必须买入赎回，并且有止损设定(这个时候只要赎回之后重新卖空就行了)。当只卖出30万股的时候股价下跌的话，有可能只会获得200日元/股的收益。

然而，股价是按照表5-3所示的这个节奏上涨下跌的，只是一味地持续卖空就可以了，因此最后收益不断积累使得现货股票的持股成本不断下跌，最低到了-1200日元(1967年)也是理所当然的。

上面是大规模股票投资者的降低持股成本为目的的反向操作的做法。

表 5-3 大周期波动反向操作高低点

1953 年最高值	1196 日元
1954 年最低值	224 日元
1955 年最高值	332 日元
1961 年最低值	80 日元
1973 年最高值	955 日元
1977 年最低值	120 日元
1981 年最高值	881 日元

四、反向操作卖空换仓

我们先看一下早期会员 M 先生(该人士是靠炒股赚生活费的专业投资者)的话。

“我的投资伙伴当中有几个人只集中交易那么几只股票，因为股票的种类实在是太多了，因此，即使反向交易，也只是 2 年左右做一次，只有在认为明确能做且必须得做的时候才做。大家其实都只是单纯的买入卖出操作的循环往复而已。”

并且有如下观点。

“波段交易进入最终阶段的时候，技巧就会起决定性作用，那就是通过反向操作不断降低持股成本，如果习惯了这样操作的话，就自然会铭刻于心。炒股的投资者最好是在初期就熟练掌握这个技术。”

在此之后，就能够在上涨行情下通过买入获得收益，而加入反向操作分批卖空的话，在接下来的下跌行情当中也能够获得收益(这样的话上涨下跌都能够获得收益，整个循环往复的过程不断获得收益)，有了这个经验之后，就会提高自己的投资效率，并且会获得惊人的收益，说到这里大家肯定会想，你这是不是在忽悠我们?这里提到了“最终阶段”，比如利用 5 月连休前后效果，在 12 月或者 1 月买入股票，然后在连休前开始进行反向操作，获取下跌行情的收益，即使在上涨的途中买入，并且相对总资金来说实际能够运作的资金即使比较少(相对资金来说能够买卖股票的数量比较少)，单是一次上涨下跌的往复就能够获得 1 年到 2 年的生活费，因此个人投资者，也就是单枪匹马的专业投资者，通常只会进行单纯的买入卖出交易。为什么会这样呢？因为操作越是单纯，犯错就会越少。因此，当这些专业人士发现“这里有必要进行反向操作”的时候，就会俯下身子“全神贯注”地进行反向操作，从而获得惊人的收益。

为什么会这样呢？因为反向交易是获得上涨下跌两个过程的收益，通过反向操作降低持股成本之后，接下来的操作就比较轻松了，也能够获得充分的休息，从而为下一波行情做充足的准备。

此外，这种有效地获得上涨下跌这个往复过程的收益方法，并非“先卖空获得下跌行情的收益，然后转为一次性买入(当然也包括反向操作买入)，然后获得上涨行情的收益”，而是先买入，获得上涨行情的收益，然后立刻转为一次性卖空，获得下跌行情的收益，并非是下跌→上涨的顺序。因此，正确的顺序是：上涨→下跌。

现在，读者朋友们应该能够理解了吧？说到底部换仓，急涨急跌的时候是可以的，但是说到急涨急跌，例如清仓失败以及上涨途中的冲高回落等小行情很多，这些小行情会挤压获利空间，但这并不是最主要的，倒不如说筑底期间比较长的情况更加磨人，并会极大降低操作的效率。那么现在我们举一个个人投资者的反向操作、换仓的典型案例供大家参考。详细过程如表 5-4 所示。

表 5-4　某个投资者操作过程示例

买卖	持仓	
	-10	持有现货股票 10000 股。 不管是在底部分批买入，还是在上涨途中买入，都是可以的，如果说是预期的话，最理想的点位是筑底期的末期开始上涨的节点
1-	1-10	卖空 1000 股 这里面含有“开始进行反向操作的尝试性介入”的意义 这个时候的仓位情况是(持有现货股票 10000 股，以及融资融券卖出头寸 1000 股)
1-	2-10	反向卖出增加卖出头寸

续表

买卖	持仓	
1-	2-9	将手头持有的现货股票卖出 1000 股
1-	3-9	反向卖出增加卖出头寸
2-	5-9	同上一步
2-	5—7	现货股票卖出
2-	5-5	同上一步。在这里卖出买入数量相同(后面我们会详细说明)，这里是反向操作结束的仓位情况
2-	5-3	现货股票卖出。这时的持仓状况为卖空头寸大于现货股票的数量
2-	7-3	增加反向卖出头寸
3-	10-3	同上一步
3-	10-	现在的持仓情况是手头只有卖空头寸，这样的话就能够在下跌行情中顺势而为，获得下跌行情的收益

五、行程因人而异

在表 5-4 给出的例子中(融资融券卖空和现货卖出两个方面)全部加起来有 11 个行程左右，你可能会说，行程也太多太细了吧?

此外，还有两个问题：①反向操作中从加入试仓到完全换仓期间应该如何安排行程?②行程越少越容易理解。特别是在急涨的情况下不就是这样吗?上涨到目标点位的时候立刻卖出清仓，然后直接卖空换仓不是更加简单易操作吗?读者朋友有这样的疑问是非常正常的。这是因为，与其说是读者朋友们考虑的是如何炒作股，倒不如说是有炒作题材的股票会出现短期性的上涨，然后立即转为下跌，在这个时候立刻清仓，并在这一波急涨急跌的顶部换仓。

例如，石川制作所的股价在 1997 年 12 月到达了最低价 49 日元，然后在 1998 年 7 月涨到了最高价 870 日元，一共上涨了 18 倍，而在 10 月又下跌到了 94 日元，完全是电光火石一般的涨跌形势，并且，主题股票品种(证券公司营业用的并推荐给客户的股票品种)或者人气股票品种(大量一般投资者关注并参与交易的股票品种)就是这种情况。板垣先生在《你也能够成为股票高手》一书中就提到，在他的事务所中就有专门操作题材股票的专家，即使专家有时也会这般认为。但是，这个专家也只是告诉大家“题材股的涨跌可以分为几类，请参考……”。正是因为有了这般周到完全的准备，才能在波动如此剧烈的题材股品种当中获得收益和成功。单纯只是从股价的变动和操作方法上来应对操作的话，就非常危险了。另外，一般这些被称为专家的投资者不操作题材股、人气股以及二部的股票品种，反而会更加关注那些比较大型的、交易量比较大的一般的股票品种。这种股票一般来讲有如下特征，一个波段会持续3个月到6个月，即使到达顶部之后，也会有一段时间的胶着在底部，波动也比较平缓，并且，在顶部的波动中，即使突然出现了一个比较高的点位，前后也会有一段时间的胶着波动，因此会给他们足够的时间换仓(卖出)，也就是说，如果这类股票品种的筑底过程比较长，特别是和股价在顶部的胶着期相比特别漫长的话，这种股票，基本上不会进行再次换仓(卖空头寸转为买入建仓)了。

通常来讲，专业投资者在对卖出头寸进行清仓之后，一般会先休整一段时间，在筑底接近完成的时候，再介入试仓(尝试性买入，持有现货股票)，这个做法是比较普遍的做法，并且如前所述，反向操作——卖空换仓这种做法2年也才进行1次，也就是在顶部，对买入仓位(持有的现货股票)进行清仓之后转为卖空。所以，虽然确实有11个行程，这样做的目的主要是为了能够分批操作，但是这方面不同投资者之间的差异非常大。从反向操作换仓结束时的仓位来看，如前面的例子中描述的那样，买入仓位会有所减少(5—5)，但这并不是典型的情况。

在反向操作过程中，首先有人会在维持买入仓位的基础上增加反向卖空头寸(10—10)，也有人会在减少买入仓位的同时增加卖空头寸(8—8)，不同情形下操作也会有所不同。但是，在操作到(5—10)之后再进一步增加买入仓位到(5—12)的情况可以说基本没有。那个“顶部胶着”的例子来自《波段交易法》的第96页(日本轻金属)、第97页(旭化成)和第98页(柯尼卡)，第一大顶一般是上涨的最后阶段，形成一个锐角形状，第二大顶会是比较平缓的上涨和下跌，形成一个钝角形状，当然并不是每次都这样。

若这11行的叙述太过于细分的话，请参考日轻金、旭化成、柯尼卡这3个案例中的任何一个就行，虽然大顶的形态不太一样，但是在大顶前后各有2个月的胶着期，因此并不一定非得花8周的时间进行11个行程的交易，交易频率完全没必要那么高。如果将这11个行程进行压缩的话，同样进行1万股的交易的话，例如《从入门到大师的列传》中提及到的成了高手象征的人一般会按照(2、3、2、3)的方式进行换仓，如表5-5所示。或者，及时介入反向操作换仓，从而变为8个行程，如表5-6所示。

如果想进一步缩减行程的话，我们可以举一个介入试仓的投资者的例子，如表5-7所示，这样的话，就只有5个行程，如果在8周的时间内只操作5个行程的话，是不是会显得有些单薄呢？因此，作为专家的话，在操作5~10万股的时候，也会觉得11个行程是比较少的。

表5-5　高手进行的换仓

买卖	仓位
	—10
2—	—8
3—	—5
2—	—3
3—	0

表5-6　反向操作的换仓

买卖	仓位
	—10
2—	2—10
2—	2—8
3—	5—8
3—	5—5
2—	7—5
2—	7—3
3—	10—3
3—	10—

表 5-7 最少行程的操作

买卖	仓位
	—10
1—	1—10
5—	1—5
5-	6—5
4—	10—5
5—	10—

六、试仓与本仓

关于尝试性建仓(试仓)与实质性建仓(本仓)，我下面引用《从入门到大师的列传》中的"擅长卖出的风流人物"部分，这是一个比较极端地展示在介入试仓之后如何维持比较大的本仓以及换仓(胶着)的例子。

首先我们来阐述试仓。炒股的感觉是会不断积累的。我也是在开始炒股数年之后才知道专业人士在行程当中都会插入试仓的步骤。在介入试仓的时候，确实是应该卖出日本轻金属的时候，然而，正如前项所列举的那样，大成建设、北炭、新日铁——即使一些非常普通的股票品种股价也高得离谱，并且证券营业部出于经营策略的考虑，会让大众投资者购买这些蓝筹公司的股票，把股价推了上去，因此这些股票的价格上涨并非是因为游资的炒作，而是一点一点被大众投资者推上去的。

此后，比较大的经销商会连续几天跟进，因此成交量急速增加，在我印象里这个状态在某个时期持续了一段时间。难以想象的大量的现货股票被一般投资者买入。这种股票在后期一般都会经历一个长期的整理行情，即使整个市场上涨，这些股票也只不过是横盘，如果老盯着这些股票的话，就无法获得收益了。当然，那个时候我无法得知手头的股票是不是这样的股票，由于我只是固守自己的做法，因此，我不太想应付这些无聊的问题，但是由于那个时候是夏天，比较空闲，因此他把从下午到晚饭前的时间都用在了和我聊天上。

根据情况的不同案例也会有所不同，首先成交量放大了，然而股价并没有上涨。虽然看起来要上涨但是并没有上涨。从这个时候开始，要从试仓开始做起，当然是卖空的试仓。“是不是有点早?”说完这句话我就把手头的股票清仓了。

说到加倍返还，在高价区间的较大的横盘的幅度一般会超过横盘过程中所达到的最高价，因此将横盘过程中的最高价作为目标价位是比较合适的，当然既有可能不会出现加倍返还行情，也有可能在横盘之后持续上涨。当达到更高的价格之后，成交量会意外减少也是常见的现象。这些现象都是非常普遍的，在这个过程当中，要几次加入试仓，但不能加仓。也就是说，如果股价的方向和持仓的方向相反的情况下，不能追加仓位。在介入试仓之后如果“感觉”很不好的话，一定要毫不犹豫地清仓。

日本轻金属由于有一些人气，因此试仓的过程比较痛苦。他说“大概试了有20次以上了吧?‘卖出之后就涨了回来’是吧? 这里一定要沉住气啊!”当然，在试仓过程当中不只有“踏空”，也有“落袋为安”的试仓，因此“没往心里去”，最后把所有的试仓都清仓了。这种“清仓重置”总共加起来有20多次，虽然只操作300股或者500股，但是股价到达顶部的感觉和经验则不断积累。

因此，当然不能鱼与熊掌兼得，但是确实增加了成功的概率。接下来是本仓的维持。

深藏不露的卖出技术。在天妇罗店吃饭的时候，我的行情师朋友对我说了一番惊天动人的话。

“昨天，我把新日铁换仓了，现在持有到2万股买入仓位。估计马上就要开始回调了吧? 之前我持有15万股卖空头寸，感觉要回调了，所以我就分批赎回了，然后换成了买入仓位。这是1年半之前介入这只股票以来第三次这么干了。我认为目前的下跌行情还是要持续一段时间的，但是充其量也就是半年吧? 再不换仓就要踏空，重蹈覆辙了……”

一部分读者应该能明白这是什么意思，如果有前后文的话，意思应该就更清楚了。事情的经过是这样的，这位朋友之前有新日铁 15 万股的卖空头寸，刚介入的时候，卖空 10 万股，平均价格为 210 日元左右，还没过半年，这只股票就跌到了 170 日元左右，因此，那个时候他延长了持有卖空头寸的时间。这是第一次换仓。之后的半年时间里，这只股票的价格继续下跌到了 140 日元。在这个点位，这位朋友进行了第二次换仓，并将手头的一半头寸进行了清仓。再之后，又增加了 10 万股的卖空头寸，现在持有合计 15 万股的卖空头寸。触底反弹之后股价一度回调到了 190 日元，但是由于在 140 日元左右换的仓，因此现在手头持有的 15 万股头寸的均价并没有那么高，大约有 170 日元左右。假设行情再持续半年时间，如果这次不换手并将这 15 万股卖空头寸赎回清仓的话，从开始卖出计算，他有整整 2 年的时间都在持续卖空。整整 2 年时间都在卖空……读者有可能会大吃一惊。但是，持有现货股票 5 年，或者没有办法(因为出现了浮亏)被套牢了 5 年，和在 2 年时间里，以获利为目的持有卖出头寸是一样的，都是“对行情的解读”。

那么，介入 20 次以上的试仓，然后再清仓，估计这个过程需要花半年以上，应该已经历过多次的波动了，但是 20 次的试仓确实有点多。一般来讲 2~3 次就足够了。以我的经验来看，我在操作东洋尼龙(东丽)的过程中差不多有 4~5 次的试仓，我记得不是那么清楚了，但是建仓之后再清仓的经历让我感觉非常恼火，那个感觉我记得相当清楚。然而，正因为我进行了试仓，在此之后的下跌行情中，我赚了个盆满钵满。

说到这里，大家都应该明白“卖出其实就是考验耐心”的意思了吧?

七、做那些人们认为傻的事情

现在我们把话题扯回到反向操作。总而言之，反向操作的根本目标是确保已经获得的收益，或者防止损失进一步扩大，但是读者没必要把这个问题思考的那么复杂。通常来讲，上涨行情下通过买入来获得收益，并在接下来的下跌行情下通过卖出来获得收益，这是一个一气呵成的过程，中间没有空档。通过反向操作的“优势”(或者被称为“恰到好处，不浪费一颗子弹”，这种方法主要运用于商品市场，在套利过程中当行情要逆转的时候就需要进行反向操作，比较老的一些行情师也把这种方法套用在股票市场上，并称为“不浪费一颗子弹的方法”)进行换仓，当感觉时机到来的时候就可以介入操作。也就是说，落袋为安卖出持有的现货股票的时间和进行反向操作建立卖空头寸的时间会有所重合，在此期间如果股价到达顶部的话，就会极大提高交易的效率。请参考图 5-1 和图 5-2 所示。

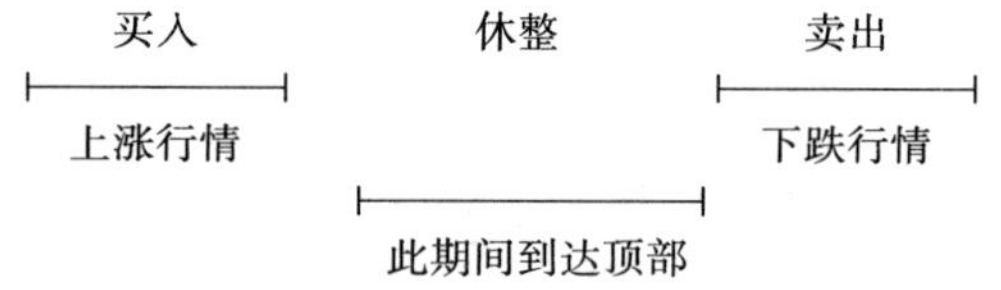

图 5-1　买入—休整—卖出行程

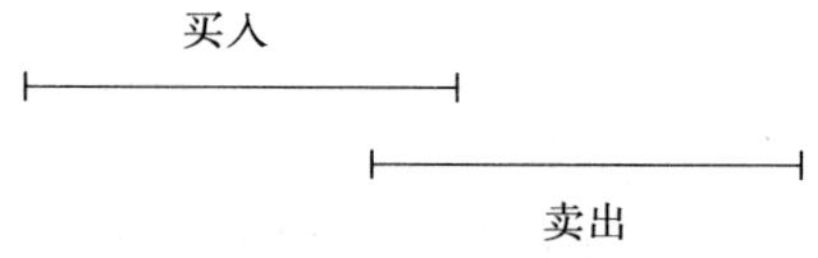

图 5-2　买入—卖出行程

有人会说这是“贪欲”不足的表现，也有人会说“落袋为安之后还换仓，真是愚蠢透顶”，在大多数人看来是愚蠢的事情反而我们更要去做。但是，稍微有点不同。

首先，为什么人们会认为这件事情愚蠢透顶呢？因为落袋为安的意愿太过强烈，清仓之后，还没有调整好重新介入的心态。如果不在这个空档里休息一下，把落袋为安的清仓和反向操作结合起来的话，会让投资者那种紧张的情绪持续下去，造成比较大的精神压力，而且这两个行程之间如果没有休息的话，就会出现如图 5-3 所示的情况。

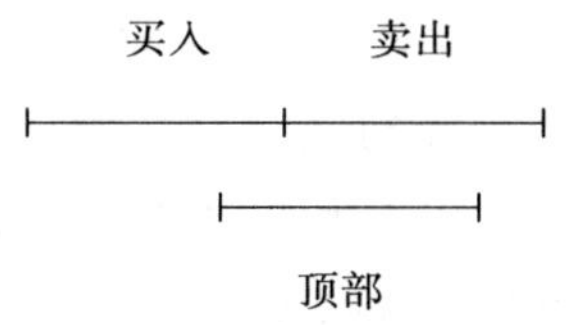

图 5-3　买入—顶部—卖出行程

接下来我们解释一下所谓的“愚蠢透顶”，引用镝木繁著的《行情难易道》。

落袋为安之后接着换仓成卖空头寸的行为愚蠢透顶。

在股票市场中，有“不管是卖出还是买入，最后手头都要留有剩余”这样的谚语。所谓的卖剩下的是指持有少许现货股票，等到行情已经上涨到快结束但还没结束，仍然在继续上涨的时候再卖出获得更高的收益。这个卖出就成了卖出与卖空的分界点。在“对买入仓位进行落袋为安式的清仓之后换仓为卖空头寸”的行为，被认为是“愚蠢透顶”。持这个观点的投资者认为，“落袋为安式清仓之后就不应该再进行任何交易了”。所谓买入之后剩下一些是指对于卖空头寸在赎回之后应该适当保留少许头寸，等待行情进一步下跌。等到下跌之后，再赎回获得更大收益。在把持有的现货股票进行落袋为安式的卖出清仓之后，就可以直接进入卖出赎回的操作行程了。

如果投资者有这种认知的话，我也不会对他感到钦佩，这应该是每个投资者都应该有的常识。但是，在上涨行情下(牛市)的时候，根本不用管什么少卖一些，或者少买一些，因为太费精力。

昭和五十八年(1983 年)夏天的进口大豆行情大涨之后继续上涨的时候，有人在这个点位建仓持有了大量的买入仓位，在顶部附近将所有的买入仓位全部清仓落袋为安之后换仓为卖空头寸是非常正确的做法，这种做法受到了大家的称赞。如果一直持有这些卖空头寸，当价格下跌 1200~1300 日元幅度的时候再将这些卖空头寸赎回，就可以比在大顶价格稍微便宜的点位将买入仓位及时全部出清获利更多。也就是说，原先的买入仓位变为了换仓卖空。于是，市场上的投资者相信下跌行情会随时展开。

由于投资者一般都是喜欢买入的投资者，当仓位换成卖空头寸的时候就会坐立不安，特别是在一个比较大的上涨并成功获利出清之后，在大顶附近将仓位换为卖空头寸简直可以看成是神技。在不知不觉中就变得自大起来。从心态上觉得自己特别了不起，于是开始自负起来。

不管怎么说，大多数与行情相关的书籍当中，都认为不加入休息时间在上涨和下跌之间不停换仓是非常不合理的操作方式，这样会造成比较重的心理负担，从而影响投资者的判断。因此，比较轻松的做法才是合理的。

分批进行现货股票的清仓；

此外，卖空头寸的换仓也要分批进行。

只有按照以上阐述的来做，才能通过重复的操作来有效提高操作效率。因此，减少能够 100% 确保收益的仓位是单向建仓的建仓量，就能够减轻投资者的心理负担，在前项当中，5—5 现货股票卖出，在这里买入和卖出的数量是一致的。正如反向操作结束时的仓位那样，这种操作当中蕴含了前人的智慧。

正因为如此，在波段交易(并非仅限于波段交易，所有的交易都是在波段中完成的，因此这里指的是所有的交易)的最终阶段，行情技术起了确定性的作用，那就是如何通过反向操作不断降低持股成本。

八、成功的基石

我在这本书的序言开头部分说道，炒股能否成功取决于投资者的卖出操作。但是，大多数的教科书、演讲会、评论报道都在谈论买入，而很少甚至完全没有提及卖出。但不管是对冲基金也好还是金融衍生品也好，所有的炒股方法当中最为有效和有利可图的就是卖出操作。这里所说的“卖出”，一般投资者在此之前是没有实行过的，甚至连相关的解说都没有接触过，因此也就无从理解。进一步来说，即使读了相关内容也有可能仍然处在不明白的状态。来我们公司咨询的投资者在读了《波段交易法》这本书之后会说："真是学到了不少的东西呢!"但当他们在回答我的问题时，他们不经意间说："现在已经理解了'卖出'是怎么一回事。"我于是大吃一惊。因为，这里的"卖出"是一个流行词汇，具有特别的含义，也就是"某个产品能够被卖出是因为这个东西好使"，是这个意思，因此，这个投资者认为在买入股票时只要找到支撑买入这只股票的资讯就可以了，因此他所说得卖出并不是与买入相对含义的卖出。我在惊讶于他的误解的同时，已经能够理解何为"卖出"的读者有可能会认为我在忽悠他们。并且，最近关于对冲基金和金融衍生品的书出版了很多，但是就连学者也将对冲基金和金融衍生品混同在一起，并且并不理解卖出是怎么一回事，这也让我为之惊讶。也就是说，"用于卖出的仓位"和"持有卖出的头寸"分不清楚。有些合约会起名为"卖出合约"，这是指卖出东西的合约，也就是说，"用于卖出的仓位"这种东西存在于市场当中。

连写书的学者都是一瓶子不满半瓶子晃荡，就别说一般的大众投资者了，所以他们不理解"卖出"也就是理所当然的事了。

现在我们通过《经济新词典》来查一下"外汇合约"这个词的含义。外汇合约(exchange contract)是指外汇期货交易，它是指在合约规定的条件下约定将来如何进行外汇交易的合约。也就是说，外汇的交易双方是可以协商的，同时，如果对于现货外汇交易的协议条件达成的话，则根据合约在将来进行规定的外汇交易，也就在此基础上规定在哪年哪月买入或者卖出哪个国家的外汇的合约。这个合约的目的是为了对冲市场的剧烈变动所带来的奉献，在从业者和银行以及银行与银行之间签署。虽说如此，这个合约毕竟是期货合约，例如，在哪年哪月将出口得来的当地货币变为美元输入本国，但是那时，外汇行情就会有所变动，因此为了对冲未来的这种风险，需要事先进行卖出美元(比如买入日元)的约定。这就是对冲，只要做一次就能明白。

例如，在买入美元债券的同时约定满期日的外汇。通过这种对冲方式，所有的人都会说，能够尽早理解"卖出"的最好的方式就是进行一次卖空操作。因为卖空一直被投资者们称为"未体验过的领域(带给人们恐惧)”。

在这里我们可以举出很多例子，最多的是曾经参与过美国宇宙飞船登月的宇航员中有一个人住进了精神病院，而另外一个人成了新兴宗教的教宗。连搞科学的人都这样，即使充分了解了关于宇宙的知识，一旦自身踏入这种人类未曾体验过的领域之后，精神就会出现异常。

在股票市场当中的“卖出”和这种未曾体验过的领域类似。因此，一般投资者对于卖空有一种恐惧感，虽然非常朴素，但是由于是“卖出自己没有的东西”这一特殊的情况，因此刚开始还是有一种恐惧感，而且一旦切身实行的话，就会在精神上承受巨大的压力，并且连日常生活都不能自理了。

但是，在《波段交易法》这本书中我写了我的两个女儿，她们虽然是有生以来第一次卖出股票，但是在操作之前，我会先告诉她们，“交易股票分买入和卖出，应该先从哪个着手呢？从原则上来讲卖出更加容易。所以应该先从卖出着手”。她们会简单纯粹地理解我所说的话，也就是说当一般投资者从卖空股票开始炒股生涯的时候，就不会对卖空持有恐惧感了，在精神上也就能够轻易地接受了。

在股票市场当中，卖出和买入应该各占一半。但是，从重要性上来讲，可以说“卖出占 80%，买入只占 20%”。通过炒股赚取生活费并获得成功的专业投资者毫无例外地擅长卖出操作。